LE PROBLÈME

DE

LA BOURSE

SOLUTION COMPLÈTE

PAR

M. JULES GUILLAUME

Après avoir démoli, il faut rebâtir.

VITRUVE.

PARIS

CASTEL, LIBRAIRE-ÉDITEUR

Passage de l'Opéra, galerie de l'Horloge, 21

1863

Paris. — Imprimerie Pillov, boulevard Pigalle, 50.

LE PROBLÈME DE LA BOURSE

I

EXPOSÉ DU PROBLÈME.

Nous disons que la Bourse est un problème et nous disons vrai. Et en effet, depuis dix ans, il n'est pas une question qui ait provoqué plus de plaintes, plus de discussions, plus de projets, plus de réformes, et après une série de mesures infructueuses et aujourd'hui condamnées, on peut dire que la question, prise dans son ensemble, ne présente encore que des problèmes à résoudre.

La liberté du marché, question mère, est toujours combattue d'un côté par les partisans de la réglementation en toutes choses, et réclamée, d'un autre côté, par le vœu public, comme une indispensable nécessité : — Problème.

Le marché à terme, l'âme du marché, est toujours livré aux interprétations de la loi qui regarde, suivant les circonstances, comme des paris, les ventes et les achats faits pour la fin du mois : — Problème.

L'indécision de la loi, source du jeu, fait ainsi toujours naître les mêmes procès scandaleux, sans pouvoir fixer la jurisprudence : — Problème.

La fonction de l'Agent de change est toujours soumise à cette alternative, ou de faire perdre à l'Agent son caractère d'officier ministériel, s'il opère à terme, ou d'éloigner le public, s'il refuse les opérations de cette nature : — Problème.

La dernière loi sur la commandite, une des bases principales de la fortune mobilière, ne résiste plus aux justes critiques auxquelles l'honorable président du Tribunal de commerce a prêté l'autorité de sa parole : — Problème.

Les questions secondaires d'organisation intérieure, la Coulisse, le Tourniquet, les Assesseurs, les Remisiers, le Courtage, sont toujours l'objet des mêmes changements et des mêmes réclamations : — Problème.

On voit que la Bourse, qui joue un si grand rôle dans notre société, est en définitive aujourd'hui ce qu'elle était hier, ce qu'elle sera demain, si une réforme radicale et complète ne vient donner à ses opérations la sanction d'une loi nouvelle. Les porteurs de titres déplorent les conditions vicieuses de ce marché, les Agents en souffrent, le crédit s'en ressent, la bonne foi en gémit, et, l'année dernière, le discours de M. le conseiller Blanche a montré que la magistrature s'en préoccupe et s'en inquiète. Il est temps, après dix ans d'orageux débats, d'imprimer à cette grande institution le caractère de fixité et de moralité que la loi porte avec elle. C'est en vue d'élucider les points essentiels de ce problème, qui touche de si près aux intérêts généraux du pays, que nous écrivons cette étude.

Nous avons divisé ce travail en deux parties : la première comprend l'analyse de ce qui a été fait, la seconde expose ce qu'il faut faire.

II

PREMIÈRE PARTIE.

Analyse de ce qui a été fait.

DÉVELOPPEMENT DE LA BOURSE.

Depuis le rétablissement de l'Empire, la Bourse a présenté un double phénomène qu'il importe de bien mettre en relief. Jamais elle n'avait acquis plus d'influence, mais jamais non plus elle n'avait soulevé plus de récriminations. On pourrait appeler cette période l'histoire de la grandeur et de la décadence de la Bourse. Constatons d'abord les causes de son développement.

La Bourse s'est agrandie sous l'impulsion d'une série d'événements qui se rapportent à la politique, aux finances, à l'industrie, aux travaux publics et aux transformations générales qui s'accomplissent de nos jours.

Elle s'est agrandie, parce que la politique, au lieu d'être absorbée, comme autrefois, par les questions gouvernementales, s'est appliquée à vivifier toutes les sources de la production nationale;

Parce que la rente, autrefois confinée dans la caisse de quelques gros capitalistes, s'est disséminée, comme la rente anglaise, sur le pays tout entier, pour entrer dans le patrimoine de toutes les familles;

Parce que cette diffusion de la rente a fait comprendre les avantages des titres mobiliers et a donné à cette propriété une faveur qui va toujours croissant;

Parce que la cherté de la vie, qui se fait sentir

partout, a porté peu à peu tout le monde à se lancer plus ou moins dans la spéculation ;

Parce qu'un grand nombre de fortunes, rapidement faites, a propagé chez tous les capitalistes le goût des opérations de bourse qui se liquident à la fin de chaque mois ;

Parce que l'industrie et le commerce, pour s'accroître à l'intérieur et à l'extérieur, ont eu recours à l'association des capitaux pour fonder les plus vastes entreprises ;

Parce que les travaux publics ont fait pleuvoir sur le marché une pluie de titres que le va-et-vient des opérations consolide tous les jours ;

Parce que le crédit public s'est étendu et fortifié par la création de nouvelles et puissantes institutions financières ;

Parce que, dans notre siècle, qui ne vit que par le travail, la France, qui était en retard vis-à-vis de l'Angleterre, s'est mise passionnément à l'œuvre pour s'élever au rang qui lui appartient.

Tous ces faits, en se groupant et en se produisant simultanément, devaient déterminer à la Bourse une explosion pleine d'effervescence. L'explosion, en effet, a eu lieu, et pendant plusieurs années nous avons vu les opérations financières les plus considérables, emprunts, chemins de fer, compagnies de toutes sortes, menées à bonne fin en un clin-d'œil ;

Les titres de rentes, les actions et les obligations se créer et se placer, chaque année, par centaines de millions ;

Les travaux d'utilité publique des autres puissances rechercher le marché et le crédit de la France ;

Les grands capitaux du continent se détacher peu à peu du marché anglais pour se rattacher au marché français;

La fortune mobilière de la France se développer sans relâche et atteindre, après quelques années, au chiffre de trente milliards;

La Bourse de Paris devenir, en quelque sorte, la rivale de la Bourse de Londres.

Pourquoi ce mouvement s'est-il arrêté? Parce que, pour le malheur du pays, chacun des progrès réalisés a été accompagné des clameurs de l'opinion aveuglée. Plus la Bourse remportait de victoires, plus elle entendait tomber sur elle de cris et d'anathèmes. Expliquons cet antagonisme des affaires et de l'opinion.

III

GUERRE A LA BOURSE.

L'opinion en France est formée par les journaux, le théâtre, les livres et les professions dites libérales, probablement par antiphrase, car ces professions donnent moins de liberté que les professions industrielles, financières et commerciales.

Les affaires qui, en Angleterre et en Amérique, tiennent le premier rang dans les préoccupations publiques n'ont jamais obtenu chez nous qu'une attention secondaire. C'est l'esprit d'autrefois, et en dépit de notables progrès, c'est encore l'esprit d'aujourd'hui.

Cette fatale erreur a été bien préjudiciable au pays. C'est en lui obéissant, dans toute son histoire, que la France est restée repliée sur elle-même, négligeant ses intérêts matériels, oubliant les marchés étrangers, tandis que l'Angleterre, en faisant de son trafic le pivot de son existence, est arrivée à centupler ses forces et à mettre un pied sur tous les marchés du monde !

Certes, il est juste de reconnaître que bien des préjugés ont été déracinés chez nous, et que bien des améliorations ont été, en peu d'années, réalisées. Les chemins de fer, le télégraphe électrique, les expositions universelles, les merveilles de l'industrie, les comices agricoles, les inventions de toutes sortes ont heureusement remué les populations et les esprits. Notre énergie native a fait à cet égard des tours de force surprenants. Mais les vieilles traditions dominent toujours, et l'opinion reste ce qu'elle était. Nous avons encore le travers de sacrifier la matière à l'esprit, le calcul à la parole, le commerce à l'art et le travail industriel aux œuvres de l'intelligence. Le théâtre nous attire, l'éloquence nous entraîne, un trait d'esprit nous fait battre des mains, et nous ne touchons qu'avec dédain aux calculs positifs de la finance, du négoce et de la spéculation. Nos livres et nos produits artistiques vont partout sans aucun doute, mais il ne suffit pas de voir nos vaudevilles faire le tour du monde. Il faut autre chose pour faire aujourd'hui les sociétés puissantes.

Subjuguée par ce préjugé, quand l'opinion ne vit plus à l'ordre du jour que des questions de crédit, de finance, de banque, de mines, de chemins de fer, de forges, de canaux, de sociétés industrielles, elle souleva de formidables clameurs. On cria au matérialisme, on cria au Veau d'or, on cria à la décadence, et comme la Bourse est le centre où aboutissent toutes ces opérations, la Bourse devint le point de mire d'attaques acharnées et sans cesse renaissantes.

C'est ainsi que nous avons vu se produire des discours, des sermons, des pamphlets, des brochures qui faisaient de la Bourse un foyer de corruption autour duquel il était urgent de placer des barrières. Comme si notre civilisation pouvait se passer de travail et d'industrie, dans un temps où la science fait passer sous nos yeux les plus étonnantes transformations !

C'est ainsi que nous avons vu le théâtre représenter, aux applaudissements du public, l'*Honneur et l'Argent*, la *Question d'argent*, le *Duc Job*, œuvres remarquables peut-être au point de vue de la composition littéraire, mais qui avaient le tort grave de jeter la déconsidération sur tous les hommes lancés dans le monde des affaires. Comme si l'honneur et l'argent ne se coudoyaient pas à chaque pas dans la rue, et ne se montraient pas à nous, allant de pair et marchant de front !

C'est ainsi que nous avons vu les moralistes écrire successivement les *Juifs rois de l'Epoque*, le *Spéculateur à la Bourse*, et les *Manieurs d'argent* ; livres pleins de talent, sans aucun doute, mais qui dans leurs conséquences arriveraient à supprimer tout trafic, toute spéculation, toute bourse, tout marché. Comme si le mouvement des affaires n'était pas aujourd'hui partout la vie de toute société !

A propos de ces critiques multipliées, il importe, comme observation générale, d'insister sur cette remarque que ce déchainement de l'opinion se produit manifestement contre le courant du siècle. Nous ne sommes plus au temps où le travail était relégué, comme un paria, à l'arrière ban de la société. La science nous a fait entrer triomphalement dans l'ère du progrès sans fin ; cette époque s'appellera l'époque de la vapeur, du gaz et de l'électricité. C'est bon gré mal gré le siècle des affaires ; les peuples qui en font, s'élèvent, les peuples qui n'en font pas, croupissent. Or, comme les affaires grandissent avec les moyens mis par la science à leur disposition, les entreprises, par le cours naturel des choses, ne se font plus que par Compagnies. D'un autre côté, les Compagnies n'existent que par l'émission des titres mobiliers ; ces titres mobiliers s'accréditent par leur facilité de transmission, et la Bourse devient ainsi le marché universel où tout aboutit, où tout crédit prend racine, où toute valeur se cote, le marché qui domine tous les autres, en leur communiquant la vie !

IV

LA BOURSE EST-ELLE UN JEU ?

Nous ne pouvons, dans cette rapide analyse, passer en revue toutes les critiques adressées à la Bourse. Laissons donc de côté les récriminations secondaires, et faisons justice une fois pour toutes de l'éternelle allégation sans cesse reproduite pour établir que la Bourse n'est qu'un jeu.

Qu'est-ce qu'un jeu? un exercice dont les effets dérivent uniquement du hasard. Les dés, le lansquenet, la roulette sont des jeux, parce qu'en s'y livrant, les résultats qu'on obtient dépendent d'un point, d'une carte, d'un chiffre amenés par le hasard seul.

En est-il ainsi à la Bourse ? Personne assurément n'oserait le soutenir, et les ennemis les plus acharnés des opérations de bourse sont bien forcés de convenir qu'on ne saurait assimiler la rente, les actions et les obligations aux dés, aux cartes et au lansquenet.

Bien mieux, non-seulement la Bourse n'est pas un jeu, mais en allant au fond des choses, on ne peut trouver dans toute négociation de titres mobiliers qu'une opération sérieuse. En achetant et en vendant des rentes, des actions et des obligations, on achète et on vend des valeurs réelles, précises, cotées, des titres connus, aussi exactement chiffrés que des pipes de trois-six, des balles de coton et des tonnes de charbon. Multipliez, centuplez ces achats et ces ventes, calculez-les par dizaines, par centaines, par milliers, il vous sera impossible d'en faire jamais sortir un seul produit du hasard. Vous n'y trouverez, quel que soit le chiffre des opérations faites, que des achats et des ventes portant sur des valeurs d'un prix variable, mais ostensible et appréciable, au gré de chacun, comme celui de toute marchandise.

Un acheteur se présente ; il achète 3,000 fr., 6,000 fr., 30,000 fr. de rente. Qui peut dire ce qu'il a l'intention de faire ? Son achat est effectué, fin courant ; mais la Bourse admet si bien que toute opération est sérieuse, que cet achat de rentes, fin courant, peut se réaliser sous trois jours par l'escompte, si l'acheteur le désire. Le vendeur est condamné à subir la loi de l'acheteur. Et qu'on ne s'imagine pas que cette faculté d'escompter ne soit pas mise à profit. La Bourse escompte tous les jours, tantôt plus, tantôt moins; et pour ne citer qu'un mémorable exemple, les acheteurs, en mai 1859, ont escompté, d'une liquidation à l'autre, pour 54 millions de titres. L'escompte fait ainsi, au besoin, du marché à terme un marché au comptant.

La Bourse n'est donc pas un jeu, mais un marché, et ce marché est tout aussi nécessaire, tout aussi utile, tout aussi sérieux que le marché au blé, que le marché aux légumes, que le marché au bétail et les autres marchés de marchandises.

Non-seulement la Bourse est un marché indispensable, mais on peut soutenir que c'est le premier de tous les marchés. Pourquoi? Parce que la Bourse est le marché de l'argent, et qu'à ce titre elle est forcément le pourvoyeur des autres marchés, le refuge de toute opération financière, l'aiguillon de toute activité et le point d'appui du crédit public et privé.

V

L'AGIOTAGE ET LA SPÉCULATION.

La Bourse est donc purement et simplement un marché. Mais l'esprit de critique va plus loin, et dit que si la Bourse n'est pas un jeu, elle n'est qu'un agiotage, et qu'à ce titre elle arrive aux mêmes conséquences lamentables que la roulette. C'est le même danger pour la jeunesse, la même ruine pour les familles, la même plaie pour la société, la même honte pour la morale.

Ici encore, nous nous trouvons devant un autre sophisme, et de même que l'on a confondu un marché avec un jeu, on a confondu la spéculation avec l'agiotage.

Expliquons-nous :

Sur quoi les esprits les plus sévères pourraient-ils se fonder pour démontrer que les opérations de Bourse ne constituent qu'un pur agiotage ? Sur trois choses : 1° la multiplicité des opérations ; 2° le paiement ruineux des différences à la fin de chaque mois ; 3° la stérilité de ces négociations.

Un mot sur chacune de ces trois raisons.

La multiplicité des opérations ne se manifeste pas seulement à la Bourse. De nos jours nous la trouvons partout. Est-ce que, l'année dernière, le déficit de notre récolte n'a pas poussé un grand nombre de gros capitalistes à faire des achats de blé dans des proportions énormes ? Et ces achats de blé ne se transmettent-ils pas, au marché du blé, par des opérations incessantes, multipliées qui, toutes, aboutissent, comme gain et comme perte, à des résultats positifs et sérieux ? Est-ce que chez nous les immeubles n'ont pas donné lieu à un mouvement d'opérations hardies, irréfléchies, même imprudentes, et le chiffre effrayant de la dette hypothécaire qui pèse sur la propriété foncière ne montre-t-il pas que de ce côté aussi il y a de l'entraînement et de la spéculation ? Est-ce que le sucre, le coton, l'alcool, la soie ne donnent pas lieu à un courant d'opérations actives, tout aussi nombreuses et tout aussi ardentes que celles qui se font sur la rente ?

Est-ce qu'il n'est pas de notoriété publique que la spéculation des terrains et des constructions à Paris a absorbé, dans ces dernières années, plus de capitaux que la Bourse? Comme reproche et comme inconvénient, la multiplicité des opérations n'est donc qu'un vain mot dans un temps où les affaires se chiffrent par millions, en passant par mille mains, et où les richesses sociales ont doublé de valeur par une circulation qui ne se ralentit pas.

Passons au paiement désastreux des différences.

On s'est plu à représenter chaque liquidation de fin de mois comme un champ de bataille couvert de morts et de mourants, et on part de là pour demander à grands cris la cessation de cette lutte homicide.

Encore une exagération et une erreur produite par la passion! Avec un peu de calme et de réflexion, on verrait que la vie est ainsi faite, et que sur tous les champs de l'activité sociale, agriculture, commerce, marine, industrie, finance, on trouve les vaincus à côté des vainqueurs. C'est le spectacle offert par la société elle-même qui nous présente la richesse à côté de la misère, la grandeur à côté de l'abaissement, le succès à côté des échecs les plus affligeants.

Faut-il, en vertu du mal, condamner le bien? Parce qu'un propriétaire, écrasé par l'hypothèque et l'usure, succombe sous le poids de ses charges, faut-il empêcher toute spéculation sur les immeubles?

Parce que le commerce et l'industrie affichent tous les jours une liste de faillites inévitables, faut-il arrêter l'esprit d'entreprise et le négoce?

Parce que des banquiers sont obligés de déposer leur bilan, faut-il interdire l'escompte ?

N'insistons pas. Toutes les opérations humaines aboutissent à une victoire ou à une défaite, et la Bourse participe à la loi commune.

« Le monde n'est qu'un jeu, s'écriait, avec raison, « M. Berryer, en défendant la Coulisse, et les im- « meubles sont eux-mêmes des objets de spécu- « lation ! »

Enfin, des économistes condamnent les opérations de Bourse en soutenant qu'elles sont improductives et stériles. Ce reproche, plus spécieux que les deux autres, tombe devant un examen approfondi. Sans doute les actes de vente et d'achat sont intrinsèquement improductifs et stériles par eux-mêmes. L'achat de 3,000 fr. de rente ne produit pas plus de revenu que l'achat d'une ferme ne fait pousser du blé ; l'achat de 25 actions ne donne pas plus de dividendes que l'achat d'une mine de fer ne produit de locomotives. Mais faut-il pour cela arrêter la transmission des biens ? Ce serait de la démence ; ce serait frapper de stérilité la propriété, soit mobilière, soit immobilière, qui ne vit précisément que par ces actes. Ceci est élémentaire et n'a besoin d'aucune démonstration,

Non-seulement l'achat, la vente, la transmission des biens meubles et immeubles sont des opérations nécessaires ; mais il faut ajouter que plus il y a de facilités pour ces opérations, plus ces biens acquièrent de valeur. Ceci est rigoureusement vrai, et pour les valeurs de la Bourse et pour les immeubles, et pour toute marchandise. Un marché sans acheteurs et sans vendeurs serait un marché mort. Cette vérité économique est d'ailleurs surabondamment prouvée par la plus-value des titres de toutes espèces depuis dix ans. Il faut donc, non pas accuser, mais féliciter la Bourse du nombre illimité de ses opérations, car ces opérations sont doublement profitables et pour le détenteur de titres qui trouve, dans la multiplication de l'offre et de la demande, des conditions plus avantageuses et pour l'intérêt public, qui trouve, dans ce mouvement perpétuel, les moyens de consolider les titres créés et d'en créer facilement de nouveaux.

Cette plus-value des titres, plus sensible pour les valeurs mobilières que pour les autres, présente encore en faveur de la Bourse un avantage que nous devons faire ressortir. C'est que, plus la capitalisation des valeurs s'élève par l'animation du marché, plus le commerce, l'industrie et l'agriculture sont appelés à profiter de cette hausse. En effet, plus la rente, plus les actions, plus les obligations sont chères, moins elles donnent de revenu. Or, l'argent toujours attiré par les gros profits, abandonne naturellement un marché qui n'offre plus de bénéfices, pour en chercher ailleurs. C'est aussi la pensée qu'exprimait l'honorable M. Séverien-Dumas, dans le procès de la Coulisse. « Le crédit public, disait-« il, et le crédit industriel sont puissamment inté-« ressés à ce que la capitalisation de la rente s'é-« lève, car alors l'intérêt s'abaisse, et l'argent, sui-« vant l'expression vulgaire, est bon marché ; la « production dès lors s'effectue à des conditions

« meilleures qui l'activent et la surexcitent. »

En résumé, cette accusation d'agiotage, devenue ridicule à force d'être reproduite, ne résiste pas à l'examen raisonné des faits. La Bourse n'est pas l'agiotage, mais elle est la spéculation, et comme le disait M. Séverien-Dumas, « il y a entre l'agiotage « et la spéculation un abîme, l'abîme qui sépare le « bien du mal, car si l'agiotage est un malheur pu- « blic, la spéculation est un bienfait. »

N'est-ce pas un bienfait que d'avoir doté la France de dix mille kilomètres de chemins de fer qui, sans la spéculation, seraient encore à l'état de projets?

N'est-ce pas un bienfait que d'avoir inauguré les emprunts nationaux que la spéculation rend plus faciles, plus puissants, plus solides que les emprunts commissionnés par les banquiers?

N'est-ce pas un bienfait que d'avoir fondé un système de banques spéciales destinées à venir en aide à la spéculation elle-même, en lui fournissant les moyens d'enfanter des entreprises nouvelles?

N'est-ce pas un bienfait que d'avoir provoqué entre toutes les places de l'Europe un va-et-vient de titres que la spéculation fait circuler sans cesse, et qui prépare ainsi, insensiblement pour toute l'Europe l'unité de crédit, l'unité de monnaies, l'unité des mesures, progrès immenses dont on entrevoit déjà la réalisation?

N'est-ce pas un bienfait que d'avoir augmenté notre production minière et métallurgique, achevé nos canaux commencés, créé notre marine à vapeur, fondé nos grandes industries par actions et donné à tous les éléments de l'activité sociale une impulsion irrésistible et féconde?

La spéculation est donc un bienfait. Elle a été dans le passé l'origine de tous les progrès, elle est pour notre civilisation le fondement de toutes les merveilles que nous créons. Qu'on lise les admirables pages que M. Proud'hon a écrites sur la spéculation! Son livre, comme toujours, ne cherche qu'à démolir, sans rien édifier, mais en combattant la Bourse, il a su du moins rendre un hommage éloquent à la puissance de la spéculation.

« C'est, dit-il, à proprement parler, le génie de « la découverte. C'est elle qui invente, qui innove, « qui pourvoit, qui résout, qui, semblable à l'Esprit « infini, crée de rien toutes choses! Elle est la fa- « culté essentielle de l'économie sociale. »

La Bourse n'est donc pas un jeu, elle n'est pas l'agiotage, elle n'est, nous le répétons, qu'un marché, mais un marché vivant, immense, capital, indispensable, aussi nécessaire pour la circulation des valeurs et du crédit, que le cœur, dans le corps humain, pour la circulation du sang.

Malheureusement cette vérité qui commence aujourd'hui à pénétrer dans tous les esprits, n'a pas été comprise par l'opinion. Les préjugés dont nous avons parlé ont été assez vivaces pour attirer sur la Bourse l'attention de l'administration. On a cru voir un mal, on a voulu trouver un remède, et c'est ainsi que nous avons vu successivement prendre les mesures suivantes :

1° La loi sur la commandite;

2° L'impot sur les valeurs mobilières;

3° L'établissement du Tourniquet;

4° La suppression de la Coulisse;

5° La création des Assesseurs.

Nous allons successivement passer en revue chacune de ces mesures qui, toutes ont eu pour objet de régulariser le marché de la Bourse, et qui toutes n'ont fait que l'entraver.

VI

UN MOT SUR LES MESURES PRISES.

Avant d'entrer dans l'analyse des mesures prises, nous devons consigner ici deux observations sommaires.

Certes, nous nous inclinons respectueusement devant les règles établies, comme devant la loi de notre pays, et si nous venons signaler les côtés défectueux de l'organisation essayée, c'est que nous ne croyons être ici que l'écho bien affaibli des plaintes qui se font entendre partout. La situation n'est en effet remarquable que par les doléances de chacun. Les rentiers demeurent convaincus que l'atonie de la rente provient uniquement des restrictions apportées au marché; la spéculation se plaint de ne pouvoir s'appuyer, comme autrefois, sur la Bourse, pour l'émission des nouveaux titres; la bonne clientèle, voyant le marché désert, l'abandonne à une foule de petits spéculateurs sans consistance, qui ne prêtent aucune force à la consolidation des cours; les Agents de change font moins d'affaires et voient baisser le prix de leurs charges naguère si florissantes; enfin, l'administration ellemême fait, refait et défait son œuvre sans jamais arriver à une solution heureuse. C'est l'histoire de la toile de Pénélope! N'est-il pas évident dès lors que l'erreur commise est manifeste, et que le remède est pire que le mal ?

En second lieu, le système de réglementation pratiqué inspire tout d'abord une pensée étrange, c'est que toutes les réformes projetées, essayées et rejetées, ne sont nullement conçues de manière à donner au marché la satisfaction légitime qu'il attend.

De quoi se plaint-on? De deux choses : 1° de ce que le marché, balloté depuis cinq ans entre la liberté et le monopole, n'arrive pas à fonctionner de manière à pouvoir contenter les intérêts publics et privés qui sont en jeu ; 2° de ce que le marché à terme, tantôt reconnu, tantôt méconnu, laisse les trois quarts des opérations de bourse à la merci des spéculateurs de mauvaise foi.

Tels sont les deux griefs anciens, sérieux, fondés, que l'on articule contre le marché de la Bourse. Or, dans les changements effectués, rien, absolument rien ne vient trancher ces difficultés d'une manière définitive.

Est-ce le monopole qui est reconnu et qui règne? Non, car, malgré toute la puissance que ces mesures ont pu lui donner, des milliers de titres au porteur sont achetés et vendus en dehors du parquet des agents de change, sans que le monopole puisse y mettre obstacle.

Est-ce la liberté? Non, car malgré les nécessités flagrantes de la situation, le dernier procès de la coulisse pèse toujours, comme une menace, sur le libre marché que le public attend et qui ne peut se mouvoir que dans l'ombre.

Est-ce la reconnaissance du marché à terme que la jurisprudence consacre? Non, si nous nous en rapportons aux derniers jugements rendus, qui ont encore rejeté, comme des paris, les opérations à terme, ce qui laisse toujours le marché sous le coup d'une suspicion indigne.

Est-ce le rejet absolu du marché à terme qui est admis? Non, puisqu'on le maintient et qu'on le pratique tous les jours, et que tous les jours nous voyons recommencer, à la honte de la spéculation, ce même éternel procès qui est le scandale inavouable de la Bourse.

Ainsi donc, il demeure bien établi que les deux questions capitales qui dominent le problème n'ont pas même été effleurées par la série de modifications apportées au régime de la Bourse. Adoptées sous l'impulsion des colères de l'opinion, elles n'ont eu pour objet que de resserrer le marché, de renvoyer le public, d'amoindrir la spéculation et de ramener la Bourse aux minces proportions qu'elle avait autrefois. Si on avait écouté le vœu des pessimistes, le marché serait devenu plus désert et plus silencieux qu'un cimetière. Mais la Bourse a, de nos jours, trop de vitalité pour mourir; on l'a rendue malade, mais elle vit, et si le problème de son organisation est une fois résolu, elle se relèvera rapidement, plus forte et plus mouvementée que jamais.

VII

LA LOI SUR LA COMMANDITE.

Il est superflu de faire ressortir ici la nécessité de

maintenir et de favoriser le principe de l'association des capitaux. De nos jours, on peut dire que tous les peuples civilisés le consacrent et lui doivent le succès de leurs plus riches entreprises. L'Angleterre elle-même qui est le réservoir des plus grands capitaux et qui est gouvernée par une aristocratie opulente, a recours à l'association des capitaux pour ses grandes opérations industrielles.

La France, de son côté, a largement mis en pratique cette heureuse et féconde idée ; elle lui doit ses plus belles conquêtes en finance, en commerce et en industrie. On ne peut donc que déplorer profondément l'erreur qui a fait de la commandite une sorte d'épidémie morale dont il importait au plus vite d'arrêter les ravages.

Assurément bien des écarts et bien des abus ont pu être commis dans la création rapide des mille sociétés qui se sont produites. Mais dans la pratique des affaires, ainsi que nous l'avons déjà dit, l'abus est presque toujours placé à côté de l'usage. C'est le cours naturel des choses, et cet inconvénient se retrouve partout, en Angleterre comme en France, en Amérique comme en Europe. Les moralistes reculeraient épouvantés en lisant l'histoire des immenses capitaux engloutis à l'origine des sociétés minières du Royaume-Uni. Il y eut dans ces opérations gigantesques des dilapidations inouïes. L'Angleterre a-t-elle pour cela arrêté l'élan de l'esprit d'association chez elle? Au contraire, elle l'a toujours encouragé, et c'est grâce à cette impulsion, habile et bienfaisante, que les mines anglaises sont arrivées aujourd'hui à produire le chiffre effrayant de près de cent millions de tonnes de houille par année!

C'est ainsi qu'un peuple doit comprendre de haut ses besoins et ses intérêts généraux. C'est ainsi qu'on arrive à réaliser de grandes choses, à dompter la nature, à fortifier le travail et à produire la richesse. Chez nous malheureusement, nous ne savons pas persévérer dans les nobles desseins que nous pouvons concevoir; nous entreprenons avec transport, et nous nous arrêtons sans raison; nous commençons une œuvre avec ardeur et nous l'abandonnons avec le même entraînement. L'esprit de suite nous fait malheureusement défaut. C'est ainsi qu'après les sept années d'abondance présentées par la spéculation à la suite de 1852, nous voyons arriver les sept années de disette qui menacent de s'éterniser, si l'on ne reconnaît pas les fautes commises.

Faut-il donc rappeler que rien de grand, rien de fixe, rien de durable ne peut être aujourd'hui fondé sans l'association? Quelle est la fortune privée qui pourrait suffire à l'établissement des chemins de fer, des canaux, des mines, des grands travaux d'utilité publique? Les capitaux associés peuvent seuls venir à bout de cette tâche colossale.

Dans une sphère moins élevée, le commerce a besoin lui-même du levier de l'association. Ne doit-il pas se tenir prêt à lutter contre tous les produits étrangers que le commerce libre introduit chez nous? Ne doit-il pas doubler et centupler ses forces pour porter dans l'extrême orient nos produits avec nos œuvres d'art? Plus l'on réfléchit, plus l'on sonde l'horizon, plus l'on reste pénétré du grand rôle que l'association des capitaux doit jouer dans l'avenir.

On s'est trompé si étrangement sur cette question, que l'on a entendu des esprits graves proposer d'interdire aux capitaux français le droit de commanditer en France les grands travaux d'utilité publique à l'étranger. On voulait sans aucun doute conserver pour la France les capitaux français. Il est triste d'avoir à condamner de si déplorables tendances. C'est comprendre l'économie sociale comme la comprenait Colbert quand il faisat défendre par un édit d'exporter l'argent de France pour enrichir le pays!

Est-il besoin de réfuter de pareilles aberrations? L'or et l'argent, par eux-mêmes, ne constituent pas la richesse. On a trouvé des peuplades sauvages qui avaient en abondance les métaux précieux et qui vivaient dans un état de pauvreté lamentable. C'est le travail qui seul est fécond, et c'est lui seul qui donne la richesse.

Qu'on demande à l'Angleterre si elle se repent d'avoir semé son argent et ses spéculations sur tous les continents du globe? La France n'a, comme elle, qu'à gagner en influence et en crédit par la commandite de fructueuses entreprises à l'étranger. Cette commandite, par les revenus élevés qu'elle rapporte, donne un double résultat également profitable à la France; d'un côté, elle accroît sa richesse, de l'autre elle lui donne les moyens de l'accroître encore par l'extension de sa prépondérance.

Ce ne sont donc pas des critiques, ce sont des encouragements qu'il faut apporter à la commandite. Ce n'est malheureusement pas la pensée qui a présidé à l'économie générale de la dernière loi. Il suffit de la lire pour voir qu'elle n'a été dictée que par l'esprit de réaction qui a voulu anéantir tout ce qui touchait à la Bourse. Non-seulement le but a été atteint, mais il a été dépassé. Des chiffres éloquents peuvent nous le prouver : Sous l'empire de la loi ancienne de 1854 à 1857, le capital des Sociétés en commandite nouvelles s'est élevé, d'après les actes des sociétés déposés au greffe, au chiffre de 3 milliards 660 millions. Depuis la publication de la dernière loi, le capital des Sociétés en commandite formées ne comprend qu'un chiffre insignifiant. En un mot, en voulant moraliser la commandite, on l'a tuée.

La Bourse, on le comprend, s'est gravement ressenti du contretoup de ces deux situations. Pendant la première période, elle a vu tomber sur elle une pluie intarissable de titres ; pendant la seconde période, elle n'a eu à négocier que les titres déjà créés. Et qu'on ne s'imagine pas que cette avalanche de valeurs nouvelles ait nui autrefois au crédit des valeurs anciennes. La comparaison des cours de cette époque avec ceux d'aujourd'hui est toute en faveur du temps de la liberté.

Aussi voyons-nous aujourd'hui les critiques se produire de toutes parts, les esprits s'émouvoir et les projets nouveaux se discuter au grand jour. On assure même que déjà une commission est nommée pour étudier non-seulement toutes les réformes réclamées par la loi sur la commandite, mais encore toutes les questions qui intéressent la Bourse, le commerce et l'industrie.

S'il en est ainsi, attendons avec confiance. En présence des facilités de toutes sortes offertes aux opérations étrangères, en présence des traités de commerce qui font tomber la barrière de nos douanes, en présence des effets désastreux produits par le système de réglementation exagérée, il nous semble qu'il ne reste à prendre qu'une seule et unique base pour toutes ces réformes : la liberté !

VIII

L'IMPOT SUR LES VALEURS MOBILIÈRES.

Nous passerons rapidement sur cette mesure qui se présente à nous avec un double caractère : 1° comme impôt, 2° comme mesure de restriction.

Au point de vue de l'impôt, nous pourrions rappeler ici, comme on l'a déjà fait, que les actions et les obligations d'une Compagnie n'arrivent sur le marché qu'après avoir supporté de lourdes charges. La concession d'une ligne de chemin de fer, la construction de la voie, la construction des bâtiments, l'impôt des voitures font peser sur les titres de cette propriété une foule d'obligations onéreuses qui toutes profitent à l'Etat.

Toutefois, comme impôt, cette loi est déjà entrée dans le courant des opérations, et à ce point de vue nous n'insistons pas. Mais dans cet impôt les Mentor de la Bourse ne voyaient pas les 25 millions qu'il devait rapporter au Gouvernement ; ils croyaient avoir trouvé un moyen énergique d'entraver la circulation des titres, et de paralyser ainsi le mouvement de la spéculation.

Il est clair que la loi était créée en vue de ce résultat ; mais tel est de nos jours le besoin impérieux des négociations de bourse que la loi a donné comme impôt tout le rendement qu'on en attendait sans pouvoir arrêter le flux et le reflux des titres sur le marché. Comment en serait-il autrement? Les titres mobiliers, comme les biens fonciers eux-mêmes, sont tellemet divisés, tellement éparpillés sur tout le pays, les habitudes de la Bourse sont tellement vulgarisées maintenant, que toutes les petites économies du pays, des campagnes comme des villes, s'y donnent rendez-vous. C'est donc par milliers qu'arrivent tous les jours les ordres d'acheter et de vendre, et à ce point de vue l'impôt des valeurs mobilières a passé sur la Bourse, sans altérer sa physionomie et sans arrêter le cours régulier des affaires.

IX

LE TOURNIQUET.

L'histoire du Tourniquet est déjà de l'histoire ancienne. Dans la pensée des inventeurs de ce garde-fou, la Bourse devait se transformer en une petite église qui ne recevrait plus que ses ministres et ses adorateurs. Le Tourniquet a paru ; pendant cinq ans il a emprisonné la Bourse, et la voilà maintenant délivrée de ce cordon sanitaire !

Donnons un souvenir à l'établissement et à l'abolition du Tourniquet.

On peut tout d'abord passer sur le côté fiscal de la mesure. Le produit obtenu n'était qu'une goutte d'eau dans le vaste budjet municipal, et on a pu, sans troubler en rien l'équilibre de ce budget, rendre au public, au milieu d'un exercice, la liberté du droit d'entrée.

Mais au point de vue de la restriction du marché, on ne pouvait guère imaginer un règlement plus préjudiciable aux intérêts de la Bourse. Qui dit marché, dit un lieu public où chacun peut entrer en toute liberté, et dès que cette liberté n'existe plus, le marché manque de la condition essentielle à son existence. Aucun autre marché n'a jamais été soumis à un pareil impôt.

Il nous paraît aussi déraisonnable de songer à créer un marché, en interdisant au public le droit de s'y rendre, que de songer à former un fleuve, en barrant les canaux, les rivières et les sources qui l'alimentent.

Aujourd'hui le Tourniquet, qui a tant fait parler de lui, est enfin supprimé. Nous ne pouvons qu'en féliciter sincèrement l'administration, et nous espérons bien qu'il n'en sera plus question. La Bourse ne l'a pas pleuré; le paralytique pleure-t-il ses béquilles quand il a le bonheur de pouvoir les quitter?

X

LA SUPPRESSION DE LA COULISSE.

Nous respectons, nous l'avons dit plus haut, la chose jugée, mais il nous est impossible, dans une étude qui a pour objet l'organisation générale de la Bourse, de ne pas exposer longuement l'histoire de la Coulisse. Cette histoire contient les traditions, les coutumes, les pratiques des représentants du marché libre. Cette histoire nous dit aussi les améliorations réalisées par la Coulisse, améliorations qui amenèrent peu à peu son développement, sa vogue et sa puissance.

Aujourd'hui la Coulisse a disparu, et les améliorations qu'elles avaient créées ont disparu avec elle, de sorte que l'on peut dire que tout le monde a perdu à cette suppression, et le public qui profitait des avantages offerts par ce marché libre, et le Parquet qui recevait de lui une impulsion fécondante.

Comme tradition, la Coulisse remonte sans aucun doute plus haut dans l'histoire que l'institution des Agents de change. Les exemples ont toujours devancé les préceptes, et les actes ont toujours devancé les lois. On négociait des titres mobiliers avant la création d'une Compagnie privilégiée; et par qui étaient alors négociés ces titres? Par des hommes qui s'en occupaient librement sur un marché sans priviléges.

La création d'une Compagnie, une fois devenue nécessaire, a donc pu avoir pour effet de concentrer la masse principale des opérations de Bourse, mais sans jamais pouvoir absorber complétement tous les éléments du marché à l'extérieur du Parquet. La Bourse a forcément entretenu, même après son organisation, des habitués et des praticiens rompus au maniement des affaires, alimentant le marché par leur initiative et composant pour ainsi dire une pépinière où le Parquet lui-même vient souvent choisir ses membres, et où ses démissionnaires viennent souvent aussi occuper leurs loisirs, en y conservant leurs relations.

Ces habitués de la Bourse ont toujours si bien existé qu'on les a désignés sous des noms particuliers. On les a appelés Coulissiers, Courtiers, Courtiers-marrons, Remisiers, Intermédiaires. Le nom importe peu, mais il donne une signification précise et irrécusable à la chose elle-même.

Telle est la tradition, et nous la retrouvons à toutes les époques fonctionnant et se révélant d'étape en étape par des incidents, par des actes, par des différends qui prouvaient son existence et son intervention salutaire.

C'est ainsi que le Parquet, malgré ses hostilités et ses dénonciations périodiques, avait toujours accepté et favorisé le concours de la Coulisse, en négociant avec elle des titres chaque jour, à toute heure et à toute minute.

C'est ainsi que, sous des gouvernements différents, des ministres pleins de savoir et d'expérience, MM. Mollien, de Villèle et Humann ont refusé, dans l'intérêt général, de prendre contre la Coulisse des mesures coercitives.

C'est ainsi que le public, c'est-à-dire le principal intéressé dans la question, avait toujours accordé ses préférences à la Coulisse, non pour déserter le Parquet, mais pour profiter des avantages que le marché libre pouvait présenter.

Comparée au Parquet, la Coulisse offrait en effet au public deux avantages incontestables qui ont fondé son influence et son crédit.

Le premier de ces deux avantages provenait de la permanence de son marché. On sait que le Parquet n'opère que pendant deux heures et demie à la Bourse, tandis que la Coulisse, debout du matin jusqu'au soir, présentait une latitude surprenante qui ne pouvait que séduire le rentier. Quand on se figure, en effet, que la Bourse est le marché unique de la rente, que la rente est d'une sensibilité indicible, qu'elle monte et descend d'une minute à l'autre, suivant les nouvelles, comme le thermomètre suivant l'atmosphère, que les nouvelles arrivent à l'improviste le matin, à midi, le soir, qu'une heure perdue peut faire perdre des sommes considérables; quand on pense enfin à la masse des intérêts engagés et à leur plus-value qui peut varier, d'une minute à l'autre, avec des écarts énormes, on est obligé de convenir que la Coulisse avait mieux compris que le Parquet les nécessités et les lois du marché. Le pain, la viande, les légumes, toutes les marchandises sont accessibles du matin au soir, et seul, le marché de l'argent, plus important que tous les autres, puisque tous les autres en dérivent, ne serait ouvert et praticable que pendant deux ou trois heures! C'est là, on est obligé de l'avouer, une contradiction choquante, inacceptable, et dont la loi qui organisera la Bourse, devra tenir nécessairement compte.

Le second avantage présenté par la Coulisse résultait des facilités offertes au public pour négocier lui-même ses opérations. Ici encore la Coulisse avait évidemment une supériorité marquée. Chacun sait qu'un *Ordre au mieux* passé au Parquet ne revient le plus souvent au client qu'à la suite d'oscillations importantes. Il faudrait ne pas avoir mis le pied à la Bourse pour ignorer cet inconvénient. C'est le reproche que l'on entend de tous côtés. « — Toujours acheté au plus haut; toujours vendu au plus bas! » — Voilà le refrain de la complainte éternelle de la Bourse! Est-ce l'Agent de change, qu'il faut accuser? Ce serait injuste. Il a au contraire tout intérêt à s'attacher son client, en lui présentant des opérations bien conduites. Mais comment arriver à contenter sur-le-champ tout le monde, quand il a sous la main en même temps, à la même minute, des rentes, des banques, des actions, des obligations, des valeurs industrielles qui toutes demandent une réponse immédiate! Et plus les variations sont fortes, plus les ordres se succèdent et se multiplient. Ils tombent alors, comme une avalanche, sur le Parquet impuissant, et Briarée aux cent bras ne pourrait suffire à les recevoir et à les exécuter tous à la fois!

La Coulisse, au contraire, présentait à cet égard, sur le marché libre, toutes les facilités désirables. Elle opérait ouvertement, publiquement, sous les yeux des intéressés. Tous pouvaient suivre les variations les plus minimes des cours et opérer instantanément, suivant leurs appréciations. N'est-ce pas là la condition première de tout marché? Faire son opération soi-même, la régler, la conduire à son gré, c'est le premier vœu, le premier contentement, le premier droit, dans le monde des affaires, et il faudrait méconnaître la nature humaine et la pratique générale des choses, pour ne pas se rendre à la légitimité de ces exigences!

Allons plus loin, et creusons à fond cette question. La Coulisse a été l'expression la plus vivante du marché libre, et, à ce titre, elle mérite de fixer notre attention dans l'étude de l'organisation complète de la Bourse.

En dehors de cette considération qui a fait condamner la Coulisse comme un corps constitué et usurpant les droits de la Compagnie des Agents de change, a-t-on pu articuler contre les Coulissiers un grief sérieux de nature à porter atteinte aux intérêts généraux du marché? Nous ne le pensons pas. On a bien essayé, il est vrai, de soutenir contre eux que leurs opérations étaient toujours à la baisse; accusation banale et sans aucun fondement; mais, comme c'est là l'allégation qui se reproduit le plus souvent, non-seulement contre la Coulisse, mais contre toute puissance financière, nous devons en démontrer toute la fausseté.

A l'origine des affaires, alors que le marché, extrêmement limité, n'avait aucune racine dans la masse des populations, il était possible, à coup sûr, en faisant mouvoir d'énormes capitaux, d'exercer, dans un moment donné, une pression réelle sur les cours, et de produire ce qu'on appelle un *coup de bourse*. On pourrait en citer en Angleterre et en France de curieux exemples. Mais aujourd'hui que le marché de la Bourse s'appuie sur la fortune publique et sur le pays tout entier, il serait aussi absurde à un particulier, à une banque, à une compagnie de chercher à déterminer systématiquement la hausse ou la baisse, qu'à un homme ou à un bataillon de vouloir lutter contre une armée tout entière. Ceci est tellement vrai que jamais les plus hautes influences financières n'ont essayé de réagir obstinément contre le cours naturel des choses. Le Crédit mobilier a-t-il pu empêcher ses actions de tomber à 420 fr.? M. de Rotschild cherche-t-il à empêcher les actions du Nord de baisser, quand la

Bourse baisse? Non, mille fois non, et s'ils ne l'entreprennent pas, c'est qu'ils sont convaincus que cette lutte serait insensée et impossible. Il n'y a aujourd'hui à la Bourse qu'une seule autorité souveraine, c'est l'opinion publique! C'est elle qui fixe absolument et sans retour la hausse et la baisse, et tous, acheteurs et vendeurs, sont obligés de s'incliner devant ses arrêts.

Remarquons d'ailleurs que la Bourse est essentiellement le marché de l'argent. Or, l'argent est une force qui résiste victorieusement à toutes les influences qu'on veut faire peser sur elle. Plus on veut la régler, la gouverner, l'entraîner, plus elle montre d'opposition et de raideur. Un rien l'attire, la confiance lui fait accomplir des merveilles; mais en revanche, les tracasseries l'éloignent, les embarras lui font peur, et alors, malgré les appels réitérés qu'on lui adresse, l'argent se tient caché.

Dès-lors peut-on concevoir qu'un marché composé d'élements aussi variables, aussi mouvants, aussi détachés de toute sujétion, soit resté dans la main de la Coulisse, comme un instrument docile, pour produire perpétuellement la baisse? Il a fallu une inexpérience et une ignorance complètes des opérations de bourse pour formuler une pareille accusation. Elle doit faire sourire tous les millionnaires du marché qui ne demanderaient pas mieux que de faire pencher la Bourse de leur côté par la masse de leurs capitaux, mais qui s'abstiennent de le tenter parce qu'ils savent que leurs millions seraient bien vite emportés dans le torrent irrésistible des affaires.

L'accusation n'est donc pas fondée. Bien mieux, on peut soutenir qu'elle est complètement fausse, et ceux qui connaissent l'histoire de la Bourse depuis dix ans savent, au contraire, que la Coulisse a soutenu, par une hausse énergique et désespérée, le poids des crises les plus difficiles. C'est ainsi que, pendant la guerre de Crimée, la Coulisse a facilité, par son immense clientelle, le placement des anciens et des nouveaux titres de rente, au fur et à mesure de leur production sur le marché.

En présence d'une crise ou d'un nouvel emprunt, quelle était l'attitude du Parquet et de la Coulisse? Le Parquet, opérant pour la haute banque et pour les gros rentiers, apportait sur le marché ses titres de rentes par quantités énormes, pour réaliser des capitaux, dans le but de souscrire aux nouveaux emprunts. Le fait est notoire. Qui prenait ces titres? La Coulisse qui les recevait par centaines de mille francs de rente, à chaque bourse, pour la distribuer ensuite à sa petite clientelle par 1,500 fr. et par 3,000 fr. de rente. Telle est la vérité; la Coulisse était l'acheteur le plus intrépide de la Bourse, et chacun peut consulter ses souvenirs et ses notes pour se convaincre que dans ces temps difficiles la Coulisse est allée jusqu'à payer 1 fr. et 1 fr. 50 cent. de report pour soutenir cette position d'acheteur. Cette situation ne s'est pas présentée une fois, elle s'est produite toutes les fois qu'une grande opération financière faisait appel au crédit.

Il reste ainsi démontré que la Coulisse, loin d'avoir nui au marché par une position constamment à la baisse, a rendu, au contraire, d'éminents services à la rente et aux valeurs en supportant courageusement les offres multipliées du Parquet.

Peut-on lui adresser d'autres reproches? Peut-on soutenir qu'elle a porté préjudice au Parquet, au Crédit et à la Bourse? C'est ce que nous allons examiner.

Pour le Parquet, on peut dire, en consultant les états de service du marché libre, que les Agents de change, au lieu de lui intenter un procès, auraient dû lui témoigner hautement toute leur gratitude. Les charges des Agents de change ont en effet doublé de prix depuis dix ans, et aucun Agent n'oserait soutenir que cette plus-value des charges est due uniquement au développement des opérations et à l'habileté du Parquet. Il est reconnu par tous les hommes compétents que le concours actif et persévérant de la Coulisse a contribué puissamment à élever le prix des charges. En peut-on douter, quand les Agents de change confessent eux-mêmes aujourd'hui qu'ils faisaient la moitié plus d'opérations au temps de la Coulisse? Son intervention, depuis si longtemps tolérée, a donc été efficace, et on peut dire que la Coulisse a été incontestablement le marchepied de la fortune des Agents de change!

Pour le Crédit, nous avons vu que la Coulisse n'avait pu jouer qu'un rôle utile. N'a-t-elle pas, en effet, activement contribué au classement définitif dans les petits portefeuilles des titres de rente émis par les différents emprunts. Et puis, d'ailleurs, en thèse générale, le crédit n'a-t-il pas à gagner en surface et en solidité par un marché étendu? et la Coulisse n'a-t-elle pas été un instrument vigoureux de propagande et d'extension? Le crédit n'a donc pu que puiser des ressources et des forces dans les opérations de la Coulisse.

Pour la Bourse, enfin, l'action de la Coulisse, loin d'être nuisible, était en quelque sorte indispensable. Quiconque a suivi autrefois les mouvements de la Bourse a pu voir, avec la dernière évidence, que la Coulisse et le Parquet se faisaient équilibre et contrepoids et formaient en quelque sorte une balance dont les plateaux montaient et descendaient alternativement. Par la pente naturelle du marché, il arrivait presque toujours que la Coulisse était acheteur quand le Parquet était vendeur, et *vice versâ*. Telle a été presque toujours la situation respective des deux marchés. Qu'en résultait-il? Deux choses également utiles à la bonne entente des affaires : la première, c'est que les opérations étaient plus facilement échangées, la seconde, c'est que les pertes, en se divisant en deux parts, et en s'éparpillant à [illegible], donnaient couramment des liquidations sans désastres. A cet égard les Agents ont dû faire, depuis la suppression de la Coulisse, provoquée par eux, une expérience qui laissera, nous le craignons, des souvenirs douloureux à chacun d'eux.

En résumé, la Coulisse, avec ses escadrons volants, était un auxiliaire utile à tous les points de vue. Aujourd'hui elle a disparu sous le coup du jugement qui l'a condamnée ; mais on a pu voir par tout ce qui précède que nous ne pouvions nous dispenser de faire appel à son histoire dans une étude qui a pour objet la refonte entière et complète de la réglementation de la Bourse.

XI

LES ASSESSEURS.

Cette institution, comme celle des Tourniquets, a déjà fait son temps. Trois années de pratique ont suffi pour l'user. Et maintenant, quand on se rappelle les bruyantes fanfares qui ont accueilli cette création, on est obligé d'avouer, devant sa disparition subite, que ce système de remaniements sans fin, sans toucher en rien aux conditions essentielles du marché, est radicalement illusoire et sans portée.

Quelles prédictions n'avait-on pas faites? Les Assesseurs apportaient la panacée universelle qui devait guérir tous les maux de la Bourse.

Hélas! chacun le reconnaît aujourd'hui; l'âge d'or n'est pas venu; les nécessités sont plus pressantes que jamais, les plaintes sont plus vives qu'autrefois, et le marché sans règle se débat comme un navire sans boussole et sans gouvernail.

Examinons si cette institution était née viable.

Qu'étaient les Assesseurs? Des représentants des Agents de change, chargés de prendre et d'exécuter les ordres qui se présentent, pendant le marché, à la Bourse même, et en dehors du Parquet. Ces ordres, on le comprend, sont nombreux, car le public est là, suivant les variations des cours, attendant les nouvelles, discutant les valeurs, et se décidant sur place, à la minute. En allant au devant de ces ordres, les Assesseurs formaient un prolongement, une extension du Parquet, pour atteindre, à son profit, toutes les parties de la Bourse. C'était le Parquet, multiplié par lui-même et se ramifiant sur tout le marché libre. Voilà la raison d'être de la création imaginée par la Compagnie des agents de change.

Tout d'abord, il est impossible de ne pas remarquer que l'institution des Assesseurs démontre de la manière la plus claire que le Parquet ne peut pas suffire au fonctionnement normal du marché. Voyez en effet ce qui s'est produit. Le marché fonctionnait régulièrement avec la Coulisse. Un jour, pour sauvegarder son privilége, le Parquet la fait supprimer par une condamnation en police correctionnelle. Immédiatement, il se produit un vide et un malaise si profonds que le Parquet est obligé de combler au plus vite cette lacune, et l'institution des Assesseurs voit-le jour. Que conclure de là? Une seule chose; l'insuffisance palpable, notoire, indéniable du Parquet.

Une fois institués, les Assesseurs avaient une double mission à remplir. Ils devaient, d'un côté, donner satisfaction au Parquet qui venait de supprimer la Coulisse, et de l'autre, répondre aux exigences du marché libre que la chute de la Coulisse avait profondément troublé.

Cette double tâche a-t-elle été remplie ? La mesure qui vient de supprimer les Assesseurs nous dispense de répondre, mais nous pouvons démontrer que ce résultat était inévitable.

Premièrement, les Assesseurs, loin d'être utiles, ne pouvaient que nuire au Parquet. N'était-ce pas le même marché, la même clientèle, la même éventualité, et en fin de compte la même conséquence, sans aucune compensation avec un autre milieu.

Admettez le Parquet acheteur : Les Assesseurs pouvaient-ils avoir une autre position que celle d'acheteurs ? Evidemment non. C'était toujours la même position aggravée même par un surcroît d'opération. Qu'en résultait-il ? Deux choses : d'abord, le Parquet se trouvait plus fortement engagé que jamais dans un sens ou dans l'autre ; ensuite, les pertes subies par les Agents de change devaient être, par l'absence de toute compensation, plus désastreuses que par le passé.

Secondement, les Assesseurs pouvaient-ils contenter le public ? Pas plus que le Parquet, et nous avons vu pourquoi. Le rentier aime pardessus tout à faire et à régler lui-même son marché. D'un autre côté, il aime aussi, suivant les nouvelles du matin et du soir, à fixer lui-même ses opérations. Pouvait-il le faire avec les Assesseurs ? L'expérience a démontré que non, et il n'en pouvait être autrement, puisque les Assesseurs, en tout et pour tout, n'opéraient qu'aux heures et aux conditions des Agents de change.

L'institution des Assesseurs était donc mal combinée, mal constituée, et ne devait avoir aucun avenir à la Bourse. On ne pouvait en attendre aucune amélioration pour le marché, et il y a longtemps que les esprits clairvoyants prédisaient le coup qui vient de les atteindre. On peut dire qu'ils sont arrivés sans enthousiasme et qu'ils sont partis sans regrets. De leur passage à la Bourse, on ne peut tirer qu'un seul enseignement. C'est que la Coulisse qu'ils avaient mission de remplacer représentait un côté prépondérant du marché, et qu'on ne peut sans danger laisser cette question sans une réglementation nouvelle.

XI

CONSÉQUENCES DES MESURES PRISES.

Nous n'avons successivement passé en revue que les lois, les décrets et les règlements principaux qui intéressent la Bourse. Nous n'avons pas examiné les décisions conçues dans le même esprit, et destinées à mettre un frein à ce qu'on appelait le dévergondage de la spéculation. C'est ainsi que nous pourrions rappeler la mesure du Parquet imposant, en 1854, une couverture de 150 fr. par action de chemin de fer négociée à terme, la note du 9 mars 1856, publiée en vue d'ajourner toute concession nouvelle de travaux d'utilité publique, l'interdiction de la cote de la Bourse de Paris à certains titres de Sociétés étrangères, etc., etc... autant d'entraves créées pour restreindre le champ des opérations.

En nous bornant à l'exposé que nous venons de faire, n'est-il pas juste d'insister encore une fois sur ce point que rien dans les mesures prises ne touche aux deux questions capitales de la Bourse qui sont : le marché libre et le marché à terme. Or, c'est vraiment là le nœud de la question, et jusqu'à ce qu'on l'ait tranché, toutes les réformes partielles auront le même sort que celles du Tourniquet et des Assesseurs.

Quant aux conséquences générales des erreurs qui ont été commises, elles sont trop bien comprises par tout le monde pour que nous ayons besoin de les développer longuement.

N'est-ce pas un malheur public que d'avoir comprimé l'essor d'un marché qui, indépendamment des affaires intérieures, était assez puissant pour faire à l'extérieur les Chemins de fer russes, les Chemins de fer autrichiens, l'Isthme de Suez et plusieurs emprunts ?

N'est-ce pas un malheur public que d'avoir abandonné, après tant de leçons de morale, à toutes les aventures des spéculations de mauvaise foi, un marché qui représente à lui seul une portion notable de la richesse et la fortune de tant de familles ?

Les conséquences de la situation faite à la Bourse ont été si pernicieuses, qu'on ne peut sans tristesse penser aux capitaux perdus, à la plus-value des valeurs arrêtée, aux inquiétudes propagées par le va-et-vient des modifications tour à tour essayées et rejetées.

Encore une fois la question est mûre, le problème est posé, il faut le résoudre !

Il faut le résoudre, parce que depuis dix ans les moralistes n'ont cessé de mettre la main sur la plaie, que la plaie existe réellement et qu'elle attend le remède.

Il faut le résoudre, parce que la fortune mobilière, qui monte déjà à plus de trente milliards, va toujours en augmentant, et qu'on ne peut laisser à la merci d'un marché désordonné cette montagne d'intérêts et de richesses.

Il faut le résoudre, parce que la France qui connaît sa situation en fait d'agriculture, d'industrie, de commerce, de marine, d'impôts, a besoin aussi de connaître et d'apprécier, d'une manière exacte, son marché de capitaux.

Il faut le résoudre, pour ne pas donner à l'argent français la pensée de prendre le chemin de l'étranger : la liberté de la spéculation est un principe juste, et nous le proclamons hautement ; mais si le travail du pays a besoin de crédit et de capitaux, nous n'avons pas besoin de dire que nous lui réservons nos préférences.

Il faut le résoudre, parce qn'il y a là, chaque jour, d'énormes opérations engagées, et l'on peut s'en faire une idée en songeant que le Parquet ne fait pas moins de 80 millions de courtage par année !

Il faut le résoudre, parce que le Crédit de l'Etat y est intéressé ; qu'on règle toutes les questions qui concerneront la fortune mobilière, et le trois pour cent français s'élèvera pour rivaliser avec le trois pour cent anglais.

Il faut le résoudre, parce qu'il est temps de mettre un terme aux turpitudes du marché à terme ; on ne comprend pas plus l'impunité accordée aux spéculateurs de mauvaise foi, qu'on ne comprendrait l'impunité accordée aux négociants qui tromperaient publiquement sur la qualité de la marchandise vendue.

Il faut le résoudre enfin, parce qu'avec les éléments du marché actuel, il est aussi impossible d'arriver à des opérations certaines, que de trouver une mesure exacte avec de faux poids !

XII

DEUXIÈME PARTIE.

Analyse de ce qu'on doit faire.

NÉCESSITÉ D'UNE RÉORGANISATION COMPLÈTE.

Le rapide exposé que nous avons fait conduit rigoureusement à une seule et unique conclusion, et cette conclusion se traduit par un seul mot : Réforme !

Voilà dix ans qu'on la réclame de tous côtés; voilà dix ans que la littérature, l'administration, la jurisprudence, la finance, la spéculation l'attendent, sans l'obtenir ; voilà dix ans qu'on essaie de résoudre le problème qu'on serait tenté de dire insoluble, et en définitive, voilà dix ans qu'avec des tâtonnements et des demi-mesures on en arrive encore à crier, comme toujours : Réforme !

Quelle réforme ?

Est-ce la réforme de la Compagnie des Agents de change ? Mais nous avons vu que tout ce qui a été fait jusqu'à présent n'avait précisément en vue que de consolider ses droits, sans tenir aucun compte des autres intérêts engagés dans la question. La suppression de la Coulisse, la création des Assesseurs n'ont eu pour objet que de maintenir intact et hors de toute atteinte le privilége des Agents de change. Or, l'expérience a démontré que cette double tentative avait laissé la Bourse dans le même état de désordre, sans profiter même en rien au Parquet. Une réforme plus large, plus radicale est donc nécessaire.

Est-ce la réforme de l'administration de la Bourse?

A ce point de vue, en effet, on peut dire que bien des questions secondaires exigeraient une réforme qui profiterait à la bonne entente du marché. Il serait bon de rattacher à un centre commun la direction de la Bourse qui tient à la Municipalité pour la propriété de son édifice, à la Police pour la surveillance du marché, au Ministère de l'Intérieur pour les nouvelles, au Ministère de la Justice pour sa législation, au Ministère des Finances, pour la nomination des Agents de change et le transfert des titres. Une loi générale donnerait plus d'unité à cette organisation multiple ; mais ce n'est pas sur ce point purement administratif qu'est fixée principalement l'attention des intéressés.

Est-ce la réforme du marché lui-même, considéré au point de vue de la négociation des effets publics et des autres valeurs mobilières ? Oui, et cette nécessité se montre si manifeste par la pratique de chaque jour, si pressante par le vœu des spéculateurs, si urgente par les abus qu'on signale, si importante par les bienfaits qu'on en atttend, qu'on s'étonne à bon droit de ne pas encore voir ce projet de loi à l'ordre du jour.

Réforme générale, complète, radicale, sans aucune omission, de tout le marché de la Bourse, voilà donc le seul programme admissible, la seule thèse possible. Réformez partiellement la Compagnie des Agents de change, réformez partiellement le marché libre, et vous n'obtiendrez aucun résultat ; les affaires resteront toujours dans le chaos, et la Bourse sera comme autrefois une Tour de Babel !

Une loi générale sur la Bourse serait fort utile,

disait M. Delessert à qui on avait présenté un Mémoire sur son organisation, et M. Delessert avait mille fois raison.

Peut-on laisser les intérêts du marché subordonnés au privilége d'une Compagnie d'Agents reconnus insuffisants ? — Non.

Peut-on laisser à la merci des éventualités de chaque jour des intérêts aussi sacrés, aussi considérables ? — Non.

Peut-on laisser sans interprétation décisive les opérations faites à terme ? — Non.

Peut-on laisser sans réglementation le marché libre qui existe de fait, que la loi ne peut empêcher et que la création des titres au porteur a rendu inévitable ? — Non.

Peut-on laisser sans organisation précise un marché, qui par le télégraphe électrique, devient le marché de toute la France à la même heure, qui remue des millions par jour et que chacun consulte comme le thermomètre de la situation des affaires ? — Non.

Peut-on toujours laisser dans les ténèbres des opérations inavouables, un marché qui représente la dette de l'Etat, le titre du gouvernement et le signe de la fortune publique ? — Non.

Encore une fois le doute n'est pas possible et nous arrivons forcément à la nécessité d'une réorganisation complète de la Bourse.

C'est de cette réorganisation que nous allons nous occuper. Nous diviserons cette seconde partie en quatre chapitres :

1° La compagnie des Agents de change ;

2° Le marché libre ;
3° Le marché à terme ;
4° L'administration intérieure.

XIII

LA COMPAGNIE DES AGENTS DE CHANGE.

Au sujet de l'institution de la Compagnie des Agents de change, trois systèmes sont en présence :

Le premier, partisan du privilége et de la réglementation rigoureuse des opérations de Bourse, n'admet absolument que le régime du monopole actuel, et conserve toutes les négociations entre les mains des Agents de change.

Le deuxième, complétement opposé au premier, se rattache à l'école radicale des partisans de la liberté absolue, et demande au nom de ce principe, la suppression du Parquet et le droit pour tous de négocier toutes espèces de titres à la Bourse.

Le troisième, tenant compte des nécessités imposées par tous les intérêts engagés dans la question, propose une organisation mixte qui maintient la Compagnie des Agents de change, et reconnait en même temps le marché libre.

Nous allons examiner chacun de ces trois systèmes.

Le système du monopole absolu de la Compagnie des Agents de change a eu naturellement pour énergique défenseur le Parquet lui-même. C'est le Parquet qui a supprimé la Coulisse, c'est le Parquet qui a nommé les Assesseurs, c'est le Parquet qui a fait valoir, en toute occasion, l'article 76 du Code de commerce qui ne reconnaît qu'aux Agents de change le droit de faire comme intermédiaires, entre les parties, la négociation des effets publics et autres susceptibles d'être cotés à la Bourse.

Cette défense intrépide d'un intérêt privé est sans doute fondée sur la loi. Mais la loi ne peut-elle pas modifier et changer ce qu'elle a jusqu'à présent consacré? Elle doit d'autant mieux le faire qu'au-dessus d'un intérêt privé, la Bourse est dominée par un intérêt supérieur qui est l'intérêt général.

Cet intérêt général, le Parquet l'a publiquement reconnu lui-même, en essayant de réformer par certaines modifications la situation présente. L'intérêt de l'Etat, l'intérêt du crédit public, l'intérêt des porteurs de titres ont des droits bien autrement recommandables qu'une Compagnie particulière. Il suffit d'établir ce parallèle pour voir qu'il n'est pas à l'avantage du monopole.

La fonction spéciale des Agents de change est sans contredit infiniment respectable et s'applique à des opérations parfaitement déterminées et qu'on ne peut méconnaître. Mais faut-il compromettre les intérêts les plus graves de la Bourse pour ne porter aucune atteinte aux charges des officiers ministériels? En vérité ce serait pousser trop loin le respect d'un intérêt privé, ce serait sacrifier le tout à la partie, ce serait immoler la fortune mobilière du pays sur l'autel du privilége!

La France obéit heureusement à des idées plus saines, plus larges et plus équitables. L'intérêt général est le principe absolu qui règle tout aujourd'hui. C'est de lui que tout découle, c'est à lui que tout remonte, et la propriété elle-même est obligée d'incliner devant lui ses droits tout puissants. Si l'intérêt général de la Bourse exige des modifications profondes au régime actuel, il faut donc entrer résolument dans la voie des réformes, sans tenir compte des récriminations de la minorité. Si le Parquet réclame, il sera facile de lui montrer qu'il recommence, sans espoir de succès, l'éternel procès de la minorité contre la majorité, de l'intérêt particulier contre l'intérêt général, de la diligence contre le chemin de fer!

Le Parquet, nous l'avons dit, reconnaît si bien toutes ces nécessités, qu'il a essayé, par de louables efforts, d'améliorer les conditions du marché. Consignons ici, à sa louange, les progrès que son initiative a réalisés :

1° Il a supprimé la liquidation de quinzaine, qui imposait à la spéculation des conditions vraiment trop lourdes;

2° Il a réduit le courtage à terme sur la rente de 25 fr. à 20 fr. sur 1,500 fr. de rente;

3° Il a réduit le courtage des opérations au comptant d'un quart à un huit pour cent;

4° Il a essayé par l'institution des Assesseurs de contenter le marché libre.

Sur les trois premiers points, nous ne pouvons que féliciter sincèrement la Compagnie des Agents de change. Avec les conditions anciennes, le courtage, trop élevé par les prix établis et trop multiplié par une double liquidation mensuelle, faisait peser sur le marché une rançon par trop onéreuse. Cet adoucissement du courtage est d'ailleurs une mesure habile et aussi profitable à la Compagnie des Agents de change qu'au public lui-même. La modération des prix ne peut en réalité qu'attirer la spéculation et compenser par le nombre des opérations les avantages accordés. Faut-il rappeler ici l'histoire de la poste qui, après avoir réduit considérablement ses droits, arrive aujourd'hui avec ses prix abaissés, à dépasser son ancien revenu?

Sur le dernier point, nous avons vu que la création des Assesseurs n'avait pas donné les bons effets qu'on en attendait. La Compagnie des Agents de change s'est elle-même rendu justice, en détruisant sans pitié l'œuvre qu'elle avait fondée.

La dernière réforme, la plus importante, n'a donc pas abouti, et cet insuccès ne rend que plus urgentes les nécessités de la Bourse. Le public attend, le marché libre attend, les porteurs de titres attendent, tout le monde attend! A ces vœux unanimes, que répond la Compagnie des Agents de change? Rien, rien, rien, et le marché, ainsi abandonné à lui-même, ressemble à un malade qui se retourne sans cesse sur son lit de douleur, attendant la guérison qui ne vient pas!

Sondez le marché, et vous toucherez du doigt la plaie. La rente, par exemple, qui donne la mesure du crédit public, souffre évidemment de ces tiraillements et de ces restrictions; elle en souffre parce que le public, loin d'être attiré, est repoussé de toutes manières, et que le marché manque alors du mouvement nécessaire à la bonne tenue et à la consolidation des cours.

Ainsi, le marché des primes, si vaste et si propre

à améliorer le cours de la rente, n'a aujourd'hui presqu'aucune influence sur elle, parce que le public du marché n'est pas assez libre pour donner à ces opérations toute leur élasticité. Le cours comparatif de la rente, au temps de la Coulisse et de nos jours, montre jusqu'à la dernière évidence, la vérité de nos assertions. Le monopole a triomphé, et en rapportant, en sacrifiant tout à lui-même, il a tout compromis.

Réduite à ses termes les plus simples, la question se résume ainsi : Le Parquet, avec son organisation actuelle, peut-il seul répondre aux nécessités que nous avons exposées ?

Non, car il ne donne pas la permanence du marché que seul le marché libre peut offrir avec avantage à la spéculation ;

Non, car il ne permet pas aux porteurs de titres de faire par eux-mêmes leurs opérations ;

Non, car il ne peuvent matériellement suffire à la multiplicité des ordres que le marché peut leur envoyer ;

Non, car les intérêts de la rente, du crédit et du marché se trouvent sacrifiés au monopole ;

Non, car le marché à terme ne trouve dans l'état présent des choses, aucune solution.

En présence de conséquences aussi fâcheuses, nous ne pouvons que condamner le système du privilége absolu, et dire avec l'opinion publique que la Compagnie des Agents de change ne suffit plus seule à sa tâche.

Le deuxième système fait table rase de toute réglementation, abolit la Compagnie des Agents de change et demande pour la Bourse, comme pour les autres marchés, la liberté pleine et entière des transactions.

Cette doctrine séduit tout d'abord et par la magie de son principe et par le courant général d'opinion qui emporte la spéculation aujourd'hui comprimée par le monopole, à réclamer l'exercice illimité de la liberté.

D'un autre côté, les défenseurs de ce système font remarquer que l'intervention des Agents de change n'est nullement indispensable à la négociation des effets publics et des autres valeurs mobilières, et qu'à part le transfert des titres nominatifs que l'administration des finances pourrait prendre à sa charge, toute opération peut se faire librement et plus avantageusement à la Bourse sans intermédiaires.

La suppression du privilége de la Compagnie n'allégerait-il pas d'ailleurs le marché? Nous avons vu qu'on évalue à 80 millions le courtage payé par le public. Une telle décharge communiquerait au marché une impulsion extraordinaire. Un lest de 80 millions doit peser en effet bien lourdement sur un navire! Cet énorme sacrifice satisfait-il au moins le public? Non, puisqu'il trouve le marché intolérable. Il ne satisfait même pas la Compagnie des Agents de change, puisqu'elle ne songe qu'à élargir et à consolider son privilége. Malheureusement en ceci, les calculs de la Compagnie se sont trouvés déçus; en voulant grossir leur monopole par la suppression de la Coulisse, les Agents de change n'ont réussi qu'à restreindre leurs propres opérations, et ont appris ainsi à leur détriment la fable de la *Poule aux œufs d'or*. Le privilége a toujours la vue courte !

Les partisans de la liberté absolue font aussi remarquer que bien des fonctions plus importantes dans la société ne sont pas soumises à l'investiture d'un office ministériel. Le banquier, par exemple, qui par sa signature donne une valeur courante à des millions de valeurs, peut, au moyen d'une patente, exercer ouvertement cette grave fonction. Une simple signature de lui peut, suivant son crédit, augmenter la circulation des valeurs de cent millions peut-être. Ce pouvoir de battre monnaie n'est-il pas aussi important pour la société que le pouvoir d'acheter et de vendre pour des tiers? Et pourtant le banquier ne jouit d'aucun privilége !

Ensuite, les défenseurs de ce système soutiennent qu'avec la diffusion de la rente et des valeurs mobilières, le libre marché est seul praticable aujourd'hui. La Bourse, suivant eux, représente l'universalité des intérêts, et chacun doit pouvoir sous sa responsabilité, acheter, vendre, trafiquer, échanger, ce qui ferait de la Bourse un marché public pour le public lui-même.

En dernier lieu, ce système s'appuie sur la lettre et l'esprit de la loi qui a créé le titre au porteur. N'est-il pas admis par tout le monde qu'en fondant ce titre spécial, le législateur a voulu faciliter et encourager la transmission des valeurs sans aucun intermédiaire? Le monopole des Agents de change est donc en contradiction avec le vœu de la loi, et le marché libre est le seul système pratique et rationnel.

Ce système, si brillant en perspective, contient un mélange de vérités et d'erreurs qu'il importe prudemment de discerner. Séparons le bon grain de l'ivraie.

Oui, il est incontestable que le principe de la liberté des transactions peut être, dans une certaine mesure, appliqué à la Bourse. Pourquoi le marché de l'argent aurait-il des entraves qu'aucun autre marché ne supporterait ?

Oui, il est incontestable également, que l'extrême division des titres arrive forcément à la reconnaissance pour chacun du droit d'acheter et de vendre ses valeurs. Est-il besoin à cent lieues de Paris d'avoir recours à l'Agent de change, quand, la cote à la main, on peut négocier son titre soi-même ?

Oui, il est incontestable enfin que la loi, en créant le titre au porteur, a voulu faciliter le va-et-vient rapide des valeurs mobilières. La loi est toujours fondée sur des raisons sérieuses. Quand le législateur a déclaré que le titre de rente serait insaisissable, il a voulu créer, en faveur de la rente, un avantage qui, en profitant à l'Etat, profite aussi à l'intérêt général. Quand il a créé le titre au porteur, il a voulu, par une facilité de réalisation immédiate, créer en faveur de la fortune mobilière, un avantage qui ne pourrait que contribuer à son développement. La libre transmission des titres et par conséquent le libre marché, résulte ainsi rigoureusement de la loi elle-même.

Liberté des transactions, voilà donc un principe simple, clair, rationnel, avantageux, tutélaire, qui est le fondement de tout marché, et qu'on ne peut sans inconséquence refuser à la Bourse ; mais ce principe ne peut être appliqué absolument, sans qu'on décrète la suppression des Agents de change, ce qui est inadmissible, ainsi que nous allons le démontrer.

La pierre angulaire de la société, personne ne le contestera, c'est la propriété. La possession, l'achat, la vente des biens, quels qu'ils soient, représentent des actes qui sont en quelque sorte sacrés, car ils s'appliquent à des opérations qui sont la base première de toute société. Le législateur ne peut donc entourer ces actes de garanties trop grandes. C'est en vue de donner à ces garanties une forme légale et authentique, que des officiers ministériels sont nommés pour les biens meubles et pour les biens immeubles. C'est le Notaire qui fait les actes des propriétés immobilières ; c'est l'Agent de change qui fait les actes de la propriété mobilière. Tous deux ont la même investiture, le même caractère, le même mandat, et leurs actes doivent présenter les mêmes conditions de vérité et de sécurité absolues.

La société peut-elle se passer du ministère de ce double notariat ? Il est aussi dangereux de le penser qu'il serait imprudent de le tenter. Toute société a besoin de lois, et la première de ces lois est la sauvegarde du principe de la propriété sur lequel repose tout l'édifice social. Au point de vue de la loi, le public est considéré comme un mineur dont la société doit protéger les intérêts et les actes. C'est là un principe d'ordre public dont il ne faut jamais s'écarter, surtout en matière de propriété.

L'Agent de change est donc un officier ministériel aussi indispensable à la fortune mobilière que le Notaire à la fortune immobilière, et la suppression de ces charges pourrait amener sur le marché des effets publics une perturbation profonde. Un grand nombre d'opérations sur la rente et les valeurs mobilières ne se fait et ne peut se faire que par titres nominatifs et avec la sanction d'un officier ministériel. Les Communes, les Mineurs, les Compagnies, etc., ont besoin de titres authentiques et réguliers. La liberté ne peut donc trouver à la Bourse qu'une application restreinte.

La ligne de démarcation est tracée par la loi elle-même qui a créé les titres nominatifs et les titres au porteur. Le titre au porteur, son nom l'indique, n'a besoin d'aucune forme authentique pour que sa propriété se transmette. La livraison du titre suffit, et il est urgent d'ouvrir le marché libre à ces valeurs. Le titre nominatif lui-même peut librement se négocier, en dehors du Parquet; mais sa transmission ne peut pas plus se passer de l'Agent de change, que l'acte de vente d'une ferme ne peut se passer du Notaire. La liberté absolue s'arrête ici devant une barrière infranchissable, devant le principe d'ordre public que nous avons établi plus haut.

Quant à la comparaison entre la fonction de l'Agent de change et celle du banquier, nous devons la repousser comme spécieuse et inacceptable. Le banquier peut, il est vrai, dans la limite de son crédit, faire entrer une masse de valeurs dans la circulation. Toutefois, ces valeurs reposent sur la fortune et le crédit personnel du banquier signataire des effets; sa garantie est attachée absolument à chacune de ces valeurs ; ses biens, son honneur, sa liberté, répondent de leur solidité effective. Mais l'Agent de change ne présente et ne peut présenter aucune de ces garanties ; intermédiaire officiel entre deux parties qui n'ont en vue que l'achat et la vente de titres mobiliers, il n'est que le dépositaire des fonds de l'acheteur et des titres du vendeur ; il ne crée par conséquent aucune valeur, et n'a besoin de donner aucune garantie. Cela est si vrai que tout manquement à son devoir le conduit infailliblement à la banqueroute.

L'Agent de change, aux yeux de la loi, n'a donc et ne peut avoir qu'un triple mandat à remplir :

1° Il doit donner la cote officielle des effets publics à la Bourse ;

2° Il doit agir comme intermédiaire entre les parties qui se présentent à lui ;

3° Il doit opérer le transfert des effets publics pour les titres nominatifs.

Mais ce triple mandat, il le tient de la loi ; personne ne peut l'en déposséder ; personne ne doit désirer, dans l'intérêt général, qu'il en soit autrement, et les partisans de la liberté illimitée doivent respecter en lui le représentant légal de la propriété mobilière.

Ainsi donc, l'intérêt de la société, l'intérêt de la fortune mobilière nous commandent de repousser les théories absolues de l'école radicale, et si, d'un côté, nous admettons avec elle la reconnaissance du marché libre, d'un autre côté nous soutenons énergiquement le maintien de la Compagnie des Agents de change.

Le troisième système demande purement et simplement, comme réforme, l'admission des conclusions que nous venons de poser et qui admettent simultanément le marché libre et le Parquet.

C'est ce troisième système que nous adopterons nous-mêmes et dont nous allons brièvement faire valoir les avantages.

Tout d'abord cette réforme modérée a le double mérite de respecter les droits acquis et de donner satisfaction aux différents intérêts qui sont en présence. Ce système pourrait être appelé le système de la concorde et de la conciliation. Dès qu'on admet à côté du Parquet le fonctionnement d'un marché libre, la Bourse ne peut en effet que reprendre les allures franches et décidées qu'elle a toujours offertes dans ces conditions.

Ce système satisfait la Compagnie des Agents de change, car il reconnaît et son privilége et ses fonctions ;

Il satisfait l'intérêt social, car la possession des effets publics peut être revêtue de la sanction légale d'un officier ministériel.

Il satisfait la spéculation, car il reconnaît à chacun le droit d'acheter et de vendre, à la condition d'avoir recours à l'intervention d'un Agent de change, si le marché doit se conclure par des titres nominatifs.

Il satisfait enfin et la rente qui profite d'un marché agrandi, et le public qui, pouvant agir au grand jour, n'a plus à se cacher pour transmettre dans l'ombre ses titres au porteur.

En résumé, des trois systèmes que nous venons

de passer en revue, le premier doit être rejeté parce qu'il sacrifie la Bourse au monopole, le second doit être écarté parce qu'il enlève tout contrôle légal à la fortune mobilière, le troisième doit être adopté parce qu'il ne fait que consacrer en quelque sorte le régime qui a toujours existé. Ce système peut s'interpréter par une seule mesure : La reconnaissance du marché libre et du Parquet !

XIV

LE MARCHÉ LIBRE.

Avant d'insister plus fortement sur la nécessité de reconnaître le marché libre, il est utile de bien préciser la nature, l'étendue et les habitudes du marché de la Bourse.

La nature de la fortune mobilière diffère essentiellement de la nature de la fortune immobilière.

Les immeubles en général tendent à se consolider dans les mêmes mains ; leur transmission ne se fait que rarement et à de longs intervalles. La stabilité est donc leur premier caractère.

La propriété mobilière, au contraire, est constamment variable, sujette à des oscillations rapides, précipitées. Cette hausse et cette baisse incessantes font de la Bourse un marché haletant, toujours sur le qui vive, toujours disposé à profiter des variations perpétuelles des cours. L'instabilité est donc le principal caractère des titres mobiliers.

On peut dire, en considérant dans leur ensemble les deux espèces de propriétés, que la fixité est la loi de l'immeuble, et que le mouvement est la loi des valeurs mobilières.

Or, ce mouvement perpétuel fournit un argument décisif en faveur du marché libre. Comment en effet reconnaître aux Agents de change seuls le droit de négocier des valeurs innombrables et dont les prix sont aussi variables que le vent ?

L'étendue du marché de la Bourse est aussi gégénéralement méconnue. On s'est habitué, par tradition, à regarder la Bourse comme un rendez-vous particulier qui n'intéresse qu'un petit groupe de banquiers. C'est se faire de la Bourse une idée fausse et complétement opposée à la véritable situation des choses.

Il y a aujourd'hui en France une classe extrêmement nombreuse de capitalistes, de rentiers, de spéculateurs qui ont attaché leur fortune à celle des valeurs mobilières. En pourrait-il être autrement avec un marché qui remue trente milliards de valeurs de toutes sortes ?

Eh bien ! est-il possible, est-il logique et sensé d'imposer à cette masse toujours croissante de spéculateurs l'intervention des Agents de change ? Ce serait aussi impossible que d'imposer à chaque ménage l'obligation de s'approvisionner par les facteurs de la halle.

Quant aux habitudes de la spéculation, l'ignorance est encore plus générale, et nous devons en faire justice, pour juger équitablement le marché. On s'imagine communément que le rentier et le capitaliste gardent dans leurs portefeuilles les titres qu'ils ont achetés, pour en recevoir tranquillement le revenu. Erreur profonde ! Sans aucun doute, le revenu est le principal élément qui constitue la valeur d'un titre, et l'acheteur le consulte avec soin avant de faire son opération. Mais ce revenu n'est le plus souvent qu'un mirage, et la cause première de l'opération est l'espérance d'une plus value. La spéculation de la Bourse ressemble donc en tous points à la spéculation du commerce et de l'industrie.

Que fait l'industriel? Il fabrique un produit, non pour retirer uniquement l'intérêt du capital qui a servi à créer ce produit, mais pour obtenir, indépendamment de cet intérêt, un bénéfice sur l'écoulement de sa fabrication.

Que fait le commerçant? Il achète une marchandise pour la revendre et en retirer également un bénéfice avec l'intérêt de son capital.

Que fait le rentier? Il achète une valeur, non pour en attendre le revenu, mais pour la revendre dès que la hausse lui permettra de réaliser un bénéfice. Il opère ainsi, sans s'arrêter, des achats, des ventes, des arbitrages qui provoquent une spéculation des plus vastes et des plus abondantes.

Commerçants, industriels, rentiers, capitalistes, tous se ressemblent donc et obéissent au même mobile, le bénéfice! La fortune mobilière constitue ainsi une véritable marchandise, tantôt recherchée, tantôt délaissée, et la pratique du marché de la Bourse ressemble, en tout et pour tout, à la pratique courante de toutes les autres opérations de marchandises.

En allant au fond des choses, on voit que le Parquet ne présente et ne peut présenter à la Bourse qu'une intervention tout à fait insuffisante pour l'étendue infinie du marché. Peut-on faire passer par ce canal étroit l'immense courant de ces opérations? Autant vaudrait imposer à tous les commerçants, à tous les industriels l'obligation de n'acheter et de vendre que par l'entremise des courtiers de commerce.

Ceci posé, la nature, l'étendue et les habitudes de la spéculation une fois bien comprises, on s'aperçoit que l'erreur commune provient de ce qu'on a comparé la Bourse d'aujourd'hui à la Bourse d'autrefois. Il y a vingt ans, la rente était à peu près le seul titre important du marché ; elle était nominative, et l'Agent de change devenait ainsi le représentant indispensable des rares habitués de la Bourse. Aujourd'hui, le titre nominatif n'est que l'exception ; le titre au porteur, immédiatement transmissible, est le roi de la spéculation ; c'est lui qui envahit le marché ; c'est à lui que la Bourse doit les proportions énormes qu'elle a prises, et en présence de ce bouillonnement d'opérations qui se multiplient, qui embrassent tout le pays, qui vivent du mouvement, qui augmentent avec la fortune mobilière elle-même, on peut dire que si l'Agent de change est nécessaire, il n'est plus en réalité qu'un Agent secondaire pour le marché !

Ainsi donc, le doute n'est plus possible. La Bourse de nos jours n'est plus le rendez-vous tranquille où de vieux capitalistes discutaient paisiblement le cours de la Loterie, du Tiers-consolidé et de la Compagnie des Indes. C'est le marché général, immense, universel, où la politique, l'agriculture, la finance, l'industrie, le commerce, la fortune mobilière, les banques viennent engager des opérations de toutes sortes, et sur une échelle qu'on n'aurait jamais soupçonnée naguère.

A vrai dire, la Bourse d'autrefois n'était qu'un cercle d'oisifs et de rentiers; mais aujourd'hui, elle est devenue un marché incommensurable, un marché qui s'élargit avec une telle expansion qu'on ne sait où s'arrêteront ses envahissements, car avec les opérations du Crédit foncier, la propriété foncière elle-même peut être un jour absorbée par la Bourse. Quelle perspective !

En agrandissant ainsi de jour en jour son domaine, la Bourse a dû peu à peu conquérir, en dépit du monopole, la latitude et l'indépendance nécessaires à ses évolutions. Aussi la liberté des transactions sans laquelle la Bourse ne saurait exister, a-t-elle été toujours pratiquée, sinon reconnue, et l'on s'étonne d'avoir à défendre une cause qui est gagnée à l'avance par la nécessité des choses. La liberté du marché est dans les mœurs, elle doit être dans la loi; car la loi n'est jamais que la consécration des mœurs.

Cette vérité est si bien reconnue de tous que le défenseur du Parquet dans le procès de la Coulisse, l'honorable M. Dufaure, commençait son plaidoyer en reconnaissant publiquement la liberté des transactions :

« Je tiens, disait-il à rendre hommage au principe de la liberté des transactions. Nous serions « insensés s'il était dans notre pensée d'y porter la

« moindre atteinte. Que chacun puisse vendre ou « acheter des rentes, des actions et des obligations, « qui en doute ? Que pour acheter ou vendre on ait « besoin de prendre un intermédiaire, agent de « change ou autre, qui oserait le soutenir ? Sauf « quelques formalités exigées par le gouvernement « ou par les Compagnies, à l'effet de constater les « transferts, il n'y a pas d'autres liens pour le déten- « teur de ces valeurs ; nul n'est donc obligé de « choisir un tiers pour acheter ou vendre, même à « la Bourse, même en son nom. »

Ainsi donc la Compagnie des Agents de change elle-même, par la voix de son illustre défenseur, a reconnu à chacun le droit de vendre et d'acheter à la Bourse. Ce droit contient implicitement le droit d'offrir et de demander, car l'offre et la demande sont inséparables de la vente et de l'achat, et il est déraisonnable de penser qu'on admet un droit sans en admettre l'exercice. La liberté des transactions est donc acceptée avec toutes ses conséquences par le Parquet lui-même, et il ne reste vraiment plus qu'à écrire franchement dans la loi ce qui est dans la raison, dans la pratique, et dans la situation des choses.

Plus on réfléchit, plus on s'étonne d'avoir à soutenir des vérités aussi rigoureuses que les vérités géométriques.

Est-ce que les courtiers de commerce empêchent les commerçants et les industriels de vendre et d'acheter entre eux librement et sans intermédiaire ? Autant vaudrait interdire le commerce.

Est-ce que les courtiers maritimes empêchent les armateurs et les capitaines de négocier toutes les opératiens de leur bâtiment? Autant vaudrait interdire la navigation commerciale.

Est-ce que les notaires empêchent d'acheter et de vendre des biens sans leur participation? Autant vaudrait interdire toutes les obligations privées.

Est-ce que les facteurs des halles obligent tous les acheteurs à réclamer leur intervention pour l'acquisition de tous les produits du marché? Autant vaudrait fermer le marché lui-même.

En tout et pour tout, la liberté des transactions est un principe appliqué à tous les marchés, et si l'administration, dans l'intérêt social, nomme pour chacun d'eux un agent particulier, personne n'est obligé de subir quand même l'intervention de cet intermédiaire.

La Bourse a toujours participé au bénéfice de cette loi générale. Ce n'est que de nos jours que les prétentions exagérées du Parquet ont amené la situation intolérable que chacun déplore. Le mal est venu de la suppression de la liberté. Qu'elle revienne pour tout réorganiser, et qu'elle soit, comme elle l'a toujours été, la règle indiscutable du marché!

Anciennement, il y a trois siècles, les fonctions de courtier de change pouvaient être librement exercées par tout le monde.

En 1595, sous Henri IV, un arrêt du Conseil portait à propos des courtiers de change : « qu'aucuns soyent contraints de se servir desdits courtiers, ès-dites négociations, si bon ne leur semble. »

En suivant la législation depuis l'origine de la Bourse jusqu'à nos jours, on trouve pas à pas, sous tous les régimes, les traces écrites de la reconnaissance du marché libre. Et de nos jours, quand la fortune mobilière de la France a centuplé, quand la nécessité du marché libre est devenue cent fois plus impérieuse, on songerait à restreindre et à comprimer le marché de manière à le faire passer bon gré, mal gré, sous les fourches caudines d'un vieux monopole ! Rêve insensé ! Œuvre impossible ! Tentative aussi chimérique que celle qui essaierait de faire passer l'embouchure d'un grand fleuve par le lit étroit de sa source !

En droit, il est donc impossible de nier la raison d'être du marché libre. Mais en fait, cette liberté peut-elle porter préjudice aux intérêts qui sont en jeu ? Démontrons qu'elle ne peut que leur être puissamment utile.

Elle est utile à l'Etat, parce que la rente trouve dans le marché libre plus de ressources que dans le marché privilégié. Le marché libre représente la bourse de tout le monde, et les emprunts nationaux ont démontré que la démocratie financière était plus forte que les banques aristocratiques.

Elle est utile au crédit industriel et commercial, parce que les émissions de valeurs nouvelles se font plus facilement et à de meilleures conditions, avec les mille débouchés de la spéculation libre.

Elle est utile à la bonne tenue de la rente et des autres valeurs, parce que plus un marché est étendu.

plus il trouve en lui-même de ressources pour l'entretenir et le féconder.

Elle est utile à la spéculation, parce que le public qui n'a besoin, pour ses transactions, que de titres au porteur, peut, au moyen du marché libre, imprimer à ces titres une impulsion qu'ils ne recevront jamais du Parquet.

Elle est utile au Parquet lui-même, parce que le monopole amoindrit les charges avec le marché, tandis que la liberté les enrichit, en doublant le chiffre des affaires.

Elle est utile à l'intérêt général, enfin, parce que la Bourse est le marché de l'argent, et que l'argent, témoin le marché de l'Angleterre, n'abonde que là où il peut librement agir !

Encore une considération. Nous avons constaté que la classe des intéressés de la Bourse est aujourd'hui innombrable, puisqu'on ne pourrait guère trouver de propriétaires, de commerçants et d'industriels sans valeurs mobilières. Mais si la classe des intéressés est immense, le chiffre de la propriété mobilière est également formidable, et nous l'avons évalué, avec les économistes les plus modérés, au capital de trente milliards.

Or, le moindre écart dans la hausse et la baisse d'une si énorme propriété doit arriver à des résultats prodigieux. Une différence de quelques centimes sur la rente et de cinq ou dix francs sur les banques et les chemins de fer, représente une somme de plusieurs centaines de millions en hausse ou en baisse, sur le capital da la fortune mobilière de la France !

Une minute de Bourse enrichit ou appauvrit la France dans des proportions colossales!

Et quand on pense que ces variations si minimes sont si fréquentes et si préjudiciables à tous, peut-on sérieusement demander de mettre un tel marché, dans de telles conditions, entre les mains d'une Compagnie privilégiée, dont chacun reconnaît depuis longtemps l'insuffisance? Encore une fois, c'est sacrifier le tout à la partie!

Un dernier mot : il sera concluant. L'établissement de la Bourse n'est pas le seul qui réclame une réorganisation complète. Le crédit, l'industrie, le commerce, la finance, les rapports internationaux, tout est renouvelé par l'esprit de réforme. Eh bien! si l'on interroge la pensée des institutions nouvelles, ne voit-on pas à première vue que la liberté est le principe et la fin de toutes les améliorations projetées?

Quelle est l'idée qui a inspiré le nouveau traité de commerce avec l'Angleterre? la liberté.

Quelle est l'idée qui pousse la France à conclure avec d'autres peuples, la Prusse, l'Espagne, l'Italie, l'Allemagne, le même traité qu'avec l'Angleterre? la liberté.

Quelle est l'idée qui a détruit à Paris l'ancien monopole de la boucherie? la liberté.

Quelle est l'idée qui bat en brèche aujourd'hui le monopole de la boulangerie parisienne? la liberté.

Quelle est l'idée qui apportera à la Bourse les bienfaits qu'elle attend des réformes projetées? la liberté.

XV

LE MARCHÉ A TERME

Voici la question la plus délicate. N'est-ce pas le marché à terme qui fait considérer la Bourse comme un jeu ? N'est-ce pas lui qui fait regarder le premier de nos marchés comme un tripot ? N'est-ce pas lui qui a fait pleuvoir sur le monde des spéculations financières ce déluge d'injures, de satyres, d'anathèmes et d'accusations qui font souvent baisser la tête à ceux qui entrent pour leurs affaires à la Bourse ?

Certes, pour quiconque ne considère que l'ensemble du marché, ces diatribes ne sont pas fondées. Il faut avouer néanmoins que le marché à terme, avec la liberté d'interprétation qui lui est laissée, motive, à bon droit, les soulèvements de l'opinion et la réprobation de la conscience publique.

Un spéculateur se présente. Il opère à terme, et avant que le compte soit réglé à la liquidation, il est impossible de savoir si l'opération est fictive ou sérieuse ! Bien mieux : plus l'opération est forte, c'est-à-dire plus elle engage le client, l'Agent de change et le marché, plus cette opération présentera de risques, car l'importance de la vente ou de l'achat est précisément l'argument favori, presque toujours mis en avant, pour établir l'opération comme un pari et pour refuser le paiement.

Et voilà plus d'un demi-siècle que la Bourse ouvre ainsi ses portes à la mauvaise foi ! Voilà plus d'un demi-siècle que le crédit de l'Etat roule sur cette énormité! Voilà plus d'un demi-siècle que la friponnerie a ses coudées franches sur un marché qui remue journellement des milliards! Un pari! A la Bourse! Un pari quand il s'agit de la rente! Un pari quand il s'agit d'actions et d'obligations! Ah! la conscience se révolte devant le scandale de tels méfaits! Elle s'indigne à la pensée des désastres et des misères qu'ils ont engendrés!

Ainsi maintenue, la Bourse n'est-elle pas l'école de la fraude et de la duperie? Et cette école ne s'est-elle pas révélée par de monstrueuses ignominies? Voici un spéculateur; il demande 90,000 fr. de rente 3 pour cent chez un Agent. Mais qui peut savoir si, au moment où il achète ces 90,000 fr. de rente, il ne fait pas la contre partie chez un autre Agent? Et cette double opération, déjà considérable, qui peut savoir si elle ne se reproduit pas deux fois, trois fois chez d'autres Agents? La liquidation arrive; l'opération qui donne un compte créditeur fait accourir le spéculateur chez l'Agent de change qui le paie; l'opération qui donne un compte débiteur n'obtient de lui qu'un refus, et aux sommations réitérées de l'Agent de change, à l'assignation qui le fait paraître devant un tribunal, il répond tranquillement : J'ai joué! Et le tribunal résilie le marché!

Est-ce là une hypothèse inadmissible? est-ce là une exagération créée pour les besoins de la discussion? Hélas! le fait ne se reproduit malheureusement que trop souvent, et le chiffre fabuleux des créances non soldées que tout Agent de change lègue à son successeur prouve assez que nous n'avançons ici qu'une triste vérité.

Si le commerçant, au moment de régler ses marchandises, répondait à son vendeur : — Je ne paie pas, j'ai joué ! Si le fabricant, à l'heure de régler ses matières premières, répondait à son fournisseur : — Je ne paie pas, j'ai joué ! Si le meunier, au moment de régler ses blés, répondait à son expéditeur : — Je ne paie pas, j'ai joué ! Si toute négociation donnait ainsi prise à la duplicité, nulle transaction ne serait possible, nulle société ne resterait debout !

Pourquoi donc, ce qui ne serait admissible nulle part, serait-il admis à la Bourse ? pourquoi la rente, qui est le titre de l'Etat, qui donne la mesure du crédit public, serait-elle réservée au rôle indigne des spéculations immorales? Pourquoi les valeurs mobilières, qui représentent des richesses sociales aussi respectables que les autres marchandises, subiraient-elles la honte de ces opérations ténébreuses ?

Il n'y a pas deux poids et deux mesures. A la Bourse, comme ailleurs, acheter et vendre sont deux actes légaux, sérieux, indéniables, parfaitement déterminés qui doivent partout produire les mêmes effets. Le droit commun, voilà la règle, et en dehors d'elle point de solution possible !

Le marché à terme a été la plaie de la Bourse, il faut que cette plaie disparaisse ; il a causé de graves désordres, il faut que l'ordre les fasse oublier ; il a marché dans les ténèbres, il faut qu'il fonctionne en pleine lumière; il a abrité la malhonnêteté, il faut qu'il l'éloigne au plus vite ; il a souffert de l'ambiguité de la loi, il faut que la loi, dépouillée de ses ambages, lui rende l'estime, la faveur et la confiance du public ; en un mot, il a introduit le chaos à la Bourse, il faut qu'il y ramème l'ordre et la paix.

Une loi est donc nécessaire, et c'est cette loi que nous invoquons, que nous réclamons avec instance, que nous adjurons le gouvernement de préparer et de promulguer sans retard. Cette loi est facile à faire ; une phrase peut la résumer tout entière, et cette phrase la voici :

« La loi reconnaît, sans aucune distinction, « toutes les opérations faites à la Bourse. »

Devant un texte aussi net, la mauvaise foi n'aura plus rien à tenter, la fraude deviendra impossible et la suspicion ne troublera plus de ses nuages malsains les opérations à terme. La loi étant précise, les actes deviendront précis ; tout ordre donné sera un engagement ferme ; chacun saura ce qu'il fait, et le spéculateur, en voyant qu'à chacune de ses opérations il suspend sa fortune, sa liberté, son honneur et le repos de sa famille, fera de mûres réflexions avant d'engager inconsidérément, dans une vente ou un achat, ce qu'il a de plus précieux au monde !

La reconnaissance légale de toutes les opérations à terme produit infailliblement la consolidation du marché et la moralisation de la Bourse. Pourquoi ? Parce que cet article de loi fait disparaître toute ambiguité, toute incertitude, et que la Bourse, au lieu de se débattre sur un terrain mouvant, marche alors sans crainte et sans danger sur un terrain solide et connu.

Cette solution est pour nous la seule pratique, la seule juste, la seule vraie, la seule conforme aux principes du droit; mais notre impartialité nous fait un devoir d'en faire connaître une autre que les partisans des restrictions ont essayé de faire prévaloir.

Le projet est simple. Il consiste à supprimer, de la manière la plus absolue, toute opération à terme et à ne reconnaître que le marché au comptant.

Théorie fausse, pratique impossible, voilà ce qu'il y a et ce que nous allons montrer dans ce système chimérique.

Ces prohibitionnistes font remarquer en faveur de ce régime :

1° Que cette suppression du marché à terme moraliserait forcément les opérations de Bourse;

2° Que le marché au comptant n'exclut aucune transaction sérieuse;

3° Que ce système ferait rentrer les Agents de change dans la limite rigoureuse de leurs fonctions et les obligerait à ne recevoir, comme des notaires, que de l'argent pour acheter, et des titres pour livrer.

Passons au crible de l'analyse ces prétendus avantages.

Sur le premier point, nous ferons remarquer que l'immoralité du marché à terme ne provient pas du marché lui-même, mais bien de la faculté que la loi accorde au spéculateur d'invoquer le pari pour résilier son opération. Supprimez cette faculté, qui est le piége de la Bourse, et l'immoralité n'existe plus; tout rentre dans l'ordre, et la spéculation, comme le comptant, se trouve à l'abri de tout reproche. L'effet disparaît avec la cause qui le produit.

Il n'est donc pas nécessaire de supprimer le marché à terme pour le moraliser. Il suffit de faire cesser l'inconvénient qu'il présente, ce qui est tout aussi facile et plus salutaire. Supprimer, c'est bientôt dit; mais ceux qui proposent ce remède ne s'aperçoivent donc pas qu'ils agissent à la façon d'un médecin qui, pour guérir son malade, commencerait par le tuer? N'est-ce pas, en effet, une véritable immolation? Supprimer le marché à terme, c'est à peu près supprimer la Bourse, car le comptant est au terme, comme un est à mille. Nous repoussons donc énergiquement cette dernière expérience du système des restrictions. Ce système n'a déjà que trop nui à la Bourse. Qu'on le laisse faire ce dernier essai, qu'il supprime le marché à terme et nous n'aurons plus qu'un vain simulacre de Bourse!

Le deuxième avantage présenté est donc aussi illusoire que le premier. Soutenir que le marché au comptant pourrait suffire à toutes les opérations sérieuses, c'est méconnaître et la loi générale des transactions, et le mode d'opérer communément suivi à la Bourse. Pour l'universalité des négociations, le terme fait la règle, le comptant fait l'exception, de même que le numéraire ne fait que l'appoint minime des paiements. Que l'on supprime le terme, pour ne reconnaître en tout et pour tout que le comptant, et le mouvement du monde et des affaires s'arrête pour se traîner lourdement dans l'ornière des vieilles routines et des vieux tâtonnements! On peut bien poser cette question; mais elle serait pratiquement insoluble. Autant vaudrait prêcher l'abandon du chemin de fer, pour défendre les coches d'autrefois!

Ce qui est vrai pour le droit d'acheter à terme, en général, est également vrai pour le marché de la Bourse. Malgré le chiffre considérable d'affaires qu'il peut embrasser, le comptant passe inaperçu à côté du roulement effroyable d'opérations que le terme fait mouvoir. C'est par millions, c'est par milliards qu'on remue les titres et les capitaux à terme ! Maintenons donc ce marché, si nous voulons sérieusement maintenir la Bourse !

Le dernier vœu du système, en désirant que le Parquet, comme le Notariat, présente aux tiers une sécurité absolue, est sans aucun doute louable dans ses tendances. En matière d'intérêts, et surtout en matière de propriété, meubles ou immeubles, la circonspection ne saurait jamais aller trop loin. Mais la suppression du marché à terme ne renfermerait pas le Parquet dans un cercle infranchissable. Qui sait même si cette mesure, en voulant moraliser la Bourse, ne finirait pas par la livrer à des calculs plus désordonnés ? L'emportement de la spéculation est en effet si vif qu'il suffit de la moindre fissure pour lui donner passage ! Or, on sait que le comptant à la Bourse, tel qu'il est pratiqué par le Parquet, représente une opération qui n'est liquide qu'au bout de trois jours. Trois jours ! A la Bourse, c'est un siècle à traverser ! La première opération serait infailliblement suivie de dix autres, de cent autres, avant d'être réglée, et le marché à terme, de trente jours, se trouverait ainsi remplacé par un marché à terme de trois jours, avec une aggravation de charges et de périls, dont chacun peut se faire une idée !

Bien plus, ce système se méprend complètement sur la nature de l'institution des Agents de change. On voudrait, dit-on, rappeler les Agents aux devoirs rigoureux de leur mandat, et l'on cherche cette garantie dans un mode d'opérations particulières, dans le marché au comptant. C'est déplacer la question. La garantie se trouve dans l'Agent lui-même et non dans la nature des affaires qu'il négocie. Rien ne peut le dépouiller du caractère officiel que son investiture lui impose. Quelque soit le chiffre de la négociation, quelque soit le terme, trois jours ou trente jours, quelque soit le genre de l'affaire, achat, vente, arbitrage, report, rien ne peut, rien ne doit faire soupçonner que l'Agent de change n'a pas ses titres dans une main et son argent dans l'autre. Son devoir lui commande de faire des opérations vraies, et son caractère seul doit inspirer au public une sécurité absolue. Détruisez cette sécurité, et l'Agent de change n'existe plus. Il n'est plus qu'un spéculateur, marchant comme les autres, à la dérive du marché !

On voit que par les projets qu'il formule, comme par les mesures qu'il a déjà appliquées, le système prohibitif n'arrive qu'à des inconséquences et à des impossibilités.

Il viole le principe le plus universellement admis en matière de contrat, la liberté d'opérer, au comptant comme à terme.

Il anéantit la Bourse qui, comme tous les marchés, opère mille fois plus à terme qu'au comptant.

Il se trompe sur le moyen de moraliser la Bourse,

en cherchant cette moralisation dans la suppression du marché à terme, tandis qu'il suffit, pour la trouver, de légaliser ce marché lui-même.

Il se trompe sur les conditions essentielles de tout marché : il est aussi déraisonnable de commander à un marché de fonctionner, en l'emprisonnant dans les liens d'une seule opération, que de dire à un homme de courir en ne lui laissant qu'une jambe.

Il se trompe enfin sur le mandat de l'Agent de change. On ne peut pas plus imposer une seule opération à un Agent qu'on ne peut imposer un acte unique à un notaire. Tous deux inspirent le respect et la confiance, non en vertu de tel ou tel acte, mais en vertu du ministère public qu'ils exercent.

Telle est la logique impitoyable des idées. Posez un principe juste et vous en déduirez une série de vérités; établissez une erreur et vous n'en ferez sortir qu'un tissu de faussetés. C'est ainsi qu'à la Bourse la liberté aplanit tout, et que la restriction n'arrive qu'à tout compromettre.

A ce système d'élimination et de suppression, nous pouvons encore ajouter l'idée présentée par M. le conseiller Blanche, dans le discours de rentrée qu'il a prononcé il y a deux ans.

La doctrine exposée par M. Blanche peut se résumer ainsi :

1° Maintien de la loi actuelle sur les opérations de Bourse;

2° Droit reconnu au joueur d'exercer des reprises

contre l'Agent de change, en le forçant à rendre les sommes qu'il a reçues.

Il faut le dire hardiment, ce projet, loin de donner satisfaction à la Bourse, arriverait certainement à rendre pire encore la situation des choses.

Il n'est fondé que sur ce préjugé étroit qui ne veut trouver qu'un jeu et un pari dans chaque opération de bourse à terme. Erreur déplorable qui fait table rase des immenses intérêts engagés dans la question, pour ne tenir compte que de l'inconvénient que présente le marché. En raisonnant ainsi, on ressemble à l'astronome qui, en parlant du soleil, ne ferait ressortir que ses taches, sans reconnaître le bienfait de la lumière qu'il envoie !

Ce projet, d'ailleurs, laisse toutes les questions en suspens, puisque toutes se rattachent de près ou de loin, soit au marché à terme, soit à la liberté du marché dont M. Blanche ne fait aucune mention.

La seule idée nouvelle exposée par M. Blanche se trouve dans le droit de répétition donné au spéculateur contre l'Agent de change.

Tout d'abord, la reconnaissance de ce droit, en faveur du joueur, loin de moraliser la Bourse, ne ferait à coup sûr qu'augmenter le désordre et multiplier les procès. Si aujourd'hui l'incertitude seule des opérations à terme étale de honteux scandales, que ne devrait-on pas attendre, quand le droit de répétition du joueur serait légalement reconnu? Cette loi, renouvelée du droit romain, a pu être faite contre le jeu proprement dit; mais elle ne pourrait jamais devenir la règle d'un marché. Dans son application à la Bourse, elle n'aboutirait qu'à l'une de ces deux conséquences : ou l'Agent de change se déterminerait à refuser toute opération à terme, ce qui serait la mort du Parquet et de la Bourse, ou le marché à terme arriverait à pousser jusqu'au cynisme devant les tribunaux, la mauvaise foi des spéculateurs véreux. Double calamité, qu'il faut à tout prix éviter au marché déjà si malade !

En second lieu, l'idée de M. Blanche nous paraît pécher du côté de l'équité. Elle ne frappe que l'Agent de change, et laisse l'impunité au spéculateur qui l'a trompé, et qui est le premier coupable. La loi qui n'est que l'expression de la Justice, manquerait ici à sa mission première, car elle condamnerait l'Agent de change qui a dû croire à la bonne foi, et donnerait une prime d'encouragement par l'impunité au joueur qui n'a eu en vue qu'un bénéfice ou le dol.

On voit que ce système, par les conséquences funestes qu'il engendre, aussi bien que le système de suppression absolue, doit être complètement mis à l'écart. Il ne sert qu'à prouver, par un exemple de plus, que le parti des demi-mesures est inefficace et qu'il faut à la Bourse une loi de réorganisation générale.

Pourquoi chercher si loin une solution qu'on a sous la main? Pourquoi se perdre dans le dédale d'une réglementation compliquée et nuisible, quand la simple reconnaissance du marché à terme dénoue tous les nœuds de la question ?

Le marché au comptant est le marché des peuples primitifs et barbares, le marché à terme est la condition universelle des peuples civilisés. Et la Bourse qui répond si admirablement à toutes les nécessités de notre civilisation, serait privée du marché à terme ! On ne vit jamais aberration plus grande.

Pour la propriété immobilière, le marché à terme a pour sanction l'expropriation; le commerce et l'industrie ont pour sanction la vente forcée ou la faillite; et pour le marché des effets publics et des valeurs mobilières, l'inexécution d'une opération à terme aurait pour sanction l'impunité! En vérité, il suffit d'énoncer de pareils faits pour en faire sentir la monstrueuse inconséquence !

Cette solution est d'autant plus facile, qu'au fond tout le monde est d'accord pour l'admettre. Le Parquet fait tous les jours des opérations à terme, la Cote officielle les enregistre, le *Moniteur* leur prête sa publicité, la spéculation ne pratique que ce genre d'opération, et les magistrats eux-mêmes reconnaissent en principe la légalité du marché à terme.

La seule difficulté consiste à distinguer et savoir si le marché à terme a été sérieux, oui ou non. Ténébreuse alternative! Problème insoluble!

Comment fixer la limite entre l'opération fictive et sérieuse? Y a-t-il une limite pour M. de Rotschild? Y a-t-il une limite pour le Crédit mobilier? Y a-t-il une limite pour mille autres banques dont le crédit est illimité? Et les gros propriétaires millionnaires, peut-on fixer pour eux une limite?

Dans un rang moins élevé, la difficulté est plus grande encore, car il est clair que pour ces maisons hors ligne, le marché est toujours sérieux. Mais dans le milieu des opérations ordinaires, dans le va-et-vient des affaires, dans les ruines et les fortunes rapides qu'entraînent les spéculations du jour, dans le tourbillon des transactions courantes, comment établir une limite exacte, précise, tangible et appréciable aux yeux de tout le monde ?

Qu'on ajoute encore à ce mouvement fiévreux les engagements du marché des primes. On sait que cette échelle mobile des opérations à prime est éminemment favorable à la bonne tenue de la rente et des valeurs par les demandes multipliées que ce genre d'opérations amène sur le marché. On sait aussi que les opérations à primes donnent des résultats limités ou illimités, suivant les cours. Eh bien ! dans cette filière interminable de primes demandées ou offertes, où sera la limite qui fera reconnaître l'opération sérieuse et l'opération fictive? Ici la difficulté devient inextricable, et toute distinction moralement et matériellement impossible. Autant chercher la quadrature du cercle.

Que conclure de là ? Une seule chose indiquée par le bon sens, la conscience et la règle générale de tous les autres marchés, la reconnaissance légale du marché à terme !

Il nous reste à démontrer que cette loi, loin de porter préjudice à aucun intérêt, serait au contraire éminemment utile et à la Bourse et à la Compagnie des Agents de change.

L'Agent de change, revêtu d'un caractère officiel, ne peut que profiter de la sanction apportée par la loi à toutes les opérations. La sécurité absolue est pour lui la condition indispensable du marché. Eloignez cette sécurité, et toute liquidation peut lui apporter le désastre d'une banqueroute. La reconnaissance complète du marché à terme est donc pour lui un véritable bienfait, tout client devient ainsi un client sérieux, un débiteur qu'il peut poursuivre, si par malheur on l'a trompé sur les titres qu'on devait lever ou livrer. N'est-ce pas là pour l'Agent de change, comme pour tout créancier, le point important? N'est-ce pas là la sauvegarde des capitaux engagés dans sa charge et de l'honneur attaché à ses fonctions?

Cette éventualité des pertes est si bien pour le Parquet un danger constant pour sa fortune et son mandat, que la Compagnie, pour conjurer le péril de ces opérations jusqu'à présent aléatoires, a créé une Caisse syndicale destinée à venir au secours de la charge qui succombe. Cette Caisse, fondée par par une cotisation imposée à chacun des membres de la Compagnie, est sans aucun doute une création habile dont tous les actes ne peuvent être qu'à l'avantage de la loi, à l'avantage des charges et à l'avantage du public.

Toutefois, il faut rendre hommage à la vérité, et reconnaître que cette Caisse, malgré tous les malheurs qu'elle a réparés, est en contradition flagrante avec la lettre et l'esprit de la loi. Qu'est-ce que l'Agent de change? Le représentant légal du marché, l'intermédiaire officiel entre les deux parties contractantes, mais il n'est jamais intéressé lui-même aux opérations qu'il a faites. La sécurité de la transaction doit donc résulter uniquement de l'acheteur et du vendeur, sans peser en rien sur l'intermédiaire. Le rôle de l'Agent ressemble ainsi, en tout et pour tout, au rôle du Notaire. En rédigeant son contrat, le Notaire n'engage pas non plus sa responsabilité, et l'acte qu'il fait n'intéresse absolument que l'acheteur et le vendeur qui ont traité. Il faut donc, conformément au véritable esprit de nos institutions, chercher la garantie du marché dans le marché lui-même, et non dans l'intermédiaire désintéressé qui ne fait que l'enregistrer, et à ce point de vue, la reconnaissance du marché à terme est nécessaire pour replacer les transactions sur leurs vraies bases, pour rendre les intéressés seuls responsables de leurs actes, et enlever ainsi au Parquet la charge qui pèse si injustement sur lui.

Cette argumentation est trop rigoureusement vraie pour soulever aucune objection sérieuse. Elle trouve d'ailleurs dans la pratique la confirmation éclatante des principes que nous avons posés. En 1848, la Caisse syndicale a-t-elle pu couvrir les opérations engagées? Malheureusement non, la Compagnie des Agents de change, écrasée sous le poids de la responsabilité qu'elle avait encourue, fléchit sous son fardeau et fut obligée d'établir des cours de compensations pour liquider les comptes de ses clients. Cet exemple ne prouve que trop bien que la responsabilité réelle se trouve déplacée; du vendeur et de l'acheteur, seuls contractants, elle est remontée à l'Agent de change qui n'est pourtant entre eux qu'un trait-d'union. La reconnaissance du marché à terme, à cette époque, eut sans contredit produit des résultats moins calamiteux, parce que l'empire de la loi, en pesant uniquement sur les intéressés, eut empêché, sans aucun doute, la spéculation d'engager des opérations inconsidérées et n'aurait surtout laissé aucun prétexte de non paiement aux spéculateurs de mauvaise foi.

Et puis, avec la loi actuelle, quelle est la situation faite à l'Agent de change? Sous le coup des procès qu'on soulève à tout instant, quelle est son attitude devant les tribunaux? Qu'on lise un seul de ces procès, et qu'on examine comment il se dénoue! L'Agent de change se présente, il prouve sa bonne foi, il montre la sincérité de l'opération, il apporte ses livres, il dépose son carnet, il rappelle les nombreux rapports qui l'unissent à son client, il démontre en un mot qu'en réglant son marché, il est resté fidèle aux obligations rigoureuses de sa charge, et le tribunal, dans son jugement, déboute l'officier ministériel de sa demande, en établissant que son opération n'est qu'un jeu! Est-ce là une situation digne d'un mandataire de la loi? N'est-il pas temps, par l'abolition de ces paris, de mettre un terme à ces désordres, et de dégager de ces scandales le caractère et l'autorité des représentants légitimes du marché?

Tout ce qui précède démontre surabondamment que l'intérêt général exige une prompte reconnaissance du marché à terme. Ajoutons un dernier mot en faveur des rentiers et des capitalistes.

La classe si nombreuse des porteurs de titres appelle aussi, de tous ses vœux, la moralisation du marché par l'extension de la loi. Qui peut avoir intérêt à voir la fraude se glisser dans le monde des affaires pour en troubler la bonne entente et y introduire une suspicion générale? Faire tomber sur un marché une série indéfinie d'opérations fictives, équivaut à lancer dans la circulation, des monnaies fausses et de faux billets de banque. Les spéculateurs sérieux ont trop longtemps souffert de cette situation immorale qui fait déserter la Bourse, pour ne pas applaudir à la loi qui viendra moraliser le marché, en le régularisant.

Le marché à terme, une fois reconnu, la Bourse loin de s'amoindrir comme on pourrait le croire, grandira au contraire et se développera plus qu'autrefois. Il ne faut pas se dissimuler, en effet, que beaucoup de rentiers, de négociants, de capitalistes, de commerçants, de propriétaires, restent par principe complétement étrangers au marché de la Bourse. Ils redoutent les préjugés de l'opinion. Ils craignent qu'on attache à leur nom ce mot plus redoutable pour eux qu'une perte d'argent : « — Il joue à la Bourse! » — Oui, avec la loi actuelle, on peut dire en vérité qu'on peut trouver à la Bourse des spéculateurs qu'on peut regarder comme de mauvais joueurs. Mais qu'on reconnaisse le marché à terme, que la loi de l'industrie et du commerce devienne la loi de la Bourse, et alors le préjugé s'effacera peu à peu, et la Bourse aura conquis en peu de temps une clientèle nouvelle, honnête, nombreuse, solide dont les opérations profiteront au marché des valeurs et au crédit public.

On nous répondra peut-être que la sanction légale invoquée par nous n'abolira pas complétement les abus de la spéculation. Qu'importe? Est-ce que le code pénal supprime absolument les crimes? Hélas! malheureusement, non; mais le criminel sait au moins le châtiment qui l'attend. Si quelques spéculateurs renouvellent à la Bourse des opérations hasardées, quels dangers peuvent-ils faire courir? La loi sera là, pour les atteindre dans leurs biens, dans leur liberté, dans leur considération; l'exemple ne pourra être que salutaire, et la loi nouvelle aura bien vite fait justice de ces derniers abus.

XVI

RÉFORMES SECONDAIRES.

Ces réformes concernent l'administration intérieure du marché et n'ont pas l'importance des questions que nous avons déjà traitées. Toutefois, rien n'est indifférent à la Bourse. Les plus petites causes y produisent les plus grands effets. Un ordre mal compris, une réponse mal donnée, une erreur de chiffre, une minute perdue, un cours manqué, une nouvelle ignorée peuvent produire les conséquences les plus graves. Que ne doit-on pas redouter d'un marché dont les moindres oscillations font acquérir ou perdre des millions? Nous avons calculé que la Bourse, de septembre 1856 à septembre 1857, avait produit sur la capitalisation de toutes les valeurs cotées, une différence de plus d'un milliard! Un marché dont la hausse et la baisse arrivent, au bout d'un an, à un tel résultat n'est pas un marché ordinaire. C'est la fortune de la France qui est en jeu, et nous devons en fixer solidement tous les rouages!

Un orateur disait que pour arriver à l'éloquence, il fallait trois qualités, et pour ces trois qualités il réclamait trois fois de l'action. A son exemple, nous exigeons, pour un marché modèle, trois conditions et pour ces trois conditions nous demandons trois fois de l'ordre ! Le marché se trouve perdu dans un brouillard. La Bourse est une énigme. Plus d'inconnu, le connu ! plus de mensonges, la vérité ! plus de ténèbres, la lumière !

Nous avons exposé les lois essentielles du marché ; c'est à la pratique à les montrer fonctionnant dans toute leur plénitude. Si la pratique n'est que l'application de ces lois, elle ne doit avoir, comme elles, qu'un même principe et qu'un même but, l'intérêt général !

Beaucoup d'esprits sérieux, en discutant la question de la Bourse, ont une tendance marquée à déplacer la base de cet intérêt général. Habitués à identifier la Bourse avec le Parquet, ils ne voient et ne défendent que la compagnie des Agents de change. Ils rapportent tout à ce centre commun. Nous aussi, nous avons admis la nécessité d'une Compagnie, et nous voyons en elle l'expression légale, authentique, officielle du marché de la Bourse. Mais tout sacrifier à cet intérêt privé, c'est voir les choses par le petit bout de la lorgnette. Certes, un intérêt qui représente un courtage annuel de 80 millions possède une importance de premier ordre ; mais en reconnaissant les droits de la Compagnie qui le reçoit, nous croyons mieux comprendre l'intérêt général, en nous occupant du public qui le paie ! L'intérêt du Parquet s'efface devant l'intérêt de la fortune mobilière, comme l'intérêt du Notariat devant l'intérêt de la propriété foncière !

Pour donner à nos observations sur la pratique courante du marché, l'ordre et la clarté désirables, nous passerons successivement en revue : 1° le cours authentique; 2° l'affiche des bourses étrangères; 3° la cote; 4° la centralisation des bureaux.

1° *Le cours authentique.* — La nécessité d'un cours, authentique et officiellement connu, n'a pas besoin d'être démontrée. Sans le cours authentique, point de transactions possibles, point d'opérations valides, point d'appréciations vraies.

La criée du cours authentique se fait publiquement, à la barre du Parquet, par un agent spécial du gouvernement, au fur et à mesure des variations de la rente. Assurément, on ne peut pas dire que cet agent, placé au milieu de la foule, crie dans le désert; mais le résultat est absolument le même. Personne n'entend et ne peut entendre l'annonce des prix ; un porte-voix n'arriverait pas à dominer les clameurs générales. Que faire ?

Il faut, de toute nécessité et au plus vite, réaliser une réforme qui a été vingt fois promise, et que le public attend vainement. Le Parquet sait pourtant bien qu'on *désespère à force d'espérer toujours.* Le projet est des plus simples. Il suffit, au moyen de chiffres mobiles, d'afficher dans un endroit apparent, les cours que la criée est impuissante à faire entendre. Le public a bien l'heure sous les yeux ; mais l'affiche des cours est aussi utile, aussi nécessaire que l'horloge. Que l'affiche mobile fasse pendant à l'horloge, et le public n'aura plus, sur ce point, rien à désirer !

2° *L'affiche des bourses étrangères.* — Au point de vue des idées, les peuples de l'Europe sont encore divisés ; mais au point de vue des intérêts, ils ne forment plus qu'une grande famille dont les richesses, indissolublement unies, reposent sur une étroite solidarité. Londres, Paris, Amsterdam, Saint-Pétersbourg, Vienne, Constantinople, sont sans doute des marchés différents, mais ces marchés, autrefois absolument séparés, sont aujourd'hui si bien liés entre eux, que le mal ou la prospérité de l'un rejaillissent immédiatement sur tous les autres.

Le télégraphe électrique a rendu cette solidarité plus intime encore, en faisant sentir sur tous ces marchés à la fois les pulsations que l'opinion communique chaque jour au crédit et aux affaires.

Il est donc indispensable, sur un de ces marchés, de connaître ce qui se passe sur les autres. La compagnie des Agents de change a compris en partie cette nécessité, en affichant tous les jours le cours des consolidés de Londres et des métalliques de Vienne. Supprimez à la Bourse la cote des consolidés et la spéculation effarée s'agite comme une caravane qui aurait perdu son guide.

Mais l'affiche, ainsi composée, n'est, comme tout ce qui s'est fait à la Bourse, qu'une demi-mesure, qu'une demi-satisfaction.

Est-ce que la cote de la Bourse de Madrid, avec les cours de la dette espagnole, si importante pour nous, avec la régénération financière et industrielle de la péninsule provoquée par nos capitaux, n'est pas absolument nécessaire pour notre bourse ?

Est-ce que le marché italien, qui nous tient en haleine depuis trois ans, n'est pas un indice aussi utile, un baromètre aussi précieux que les consolidés pour éclairer notre marché ?

Est-ce que la Grèce n'a pas une Bourse dont les cours seraient en ce moment, pour notre spéculation, d'une incontestable nécessité ?

Nous pouvons en dire autant pour Constantinople, Saint-Pétersbourg, Vienne, Berlin, Amsterdam. Encore un pas ! et demain le fil électrique pourra nous apporter, chaque jour, les cours des marchés de New-York et de Calcuta !

Faut-il, en présence de cette communion universelle des peuples et des marchés, s'en tenir dérisoirement à l'affiche des consolidés ? Ce serait sacrifier à la routine nos plus chers intérêts. Les marchés ont besoin les uns des autres, et pour se guider mutuellement, il importe qu'ils se connaissent ! Il faut donc généraliser l'affiche des fonds étrangers. Plus on donnera de cours, plus la spéculation trouvera d'affaires et de jalons sur sa route.

La Cote officielle.— Le privilége ne produit que le privilége en tout. Représentant d'un monopole, la compagnie des Agents de change a fait de la Cote officielle une faveur. Pourquoi ? Parce que le Parquet, uniquement préoccupé de ses intérêts, ne tient compte que des valeurs dont les transactions constituent la spéculation courante.

Ici encore nous trouvons qu'on a fait fausse route.

Pourquoi accorder à la Rente, aux Banques et aux Chemins de fer une large et bruyante hospitalité, et reléguer les autres titres dans la pénombre d'un marché libre sans clients? Pourquoi refuser aux houillères, aux mines, aux usines métallurgiques, et aux autres valeurs industrielles, les moyens d'établir un mouvement continu d'affaires?

Est-ce que les capitaux consacrés à ces industries diverses n'ont pas les mêmes droits que les capitaux versés pour les valeurs de la Cote officielle? Est-ce que ces titres dédaignés ne représentent pas, dans l'échiquier de la richesse sociale, un intérêt tout aussi important, tout aussi respectable que les actions et obligations des chemins de fer? Est-ce que l'égalité devant la Cote ne devrait pas être le droit commun pour tous les titres de la fortune mobilière de la France? Pour la Cote, comme pour tout, c'est à l'intérêt général à prévaloir!

Le Parquet doit se souvenir qu'il a dédaigné naguère les actions et obligations de chemins de fer pour lesquelles il garde aujourd'hui toutes ses prédilections. Eh bien! qui sait si demain la France, après avoir achevé le réseau de ses lignes, ne se lancera pas, comme la Belgique et l'Angleterre, dans les spéculations minières? Ouvrons donc à toutes les valeurs, sans distinction, les colonnes de la Cote officielle et constituons pour tous les titres un marché vrai, sérieux, sans faveurs d'un côté et sans abandon de l'autre. Le ministère de l'Agent de change n'est pas spécialement affecté à des valeurs favorites; il est l'intermédiaire des parties pour toutes les valeurs, et la France, sous ce rapport, doit suivre les pratiques libérales du marché anglais.

La centralisation des bureaux. — Les opérations de banque, de finance et de bourse ont besoin d'un centre commun. L'exemple du *Clearing-House*, établi à Londres pour le réglement de tous les comptes de banque, montre tous les avantages d'un travail centralisé. Le temps est de l'argent.

La spéculation se plaint depuis longtemps de l'éparpillement des charges de la compagnie des Agents de change dans tout Paris. Un client opère très-souvent chez plusieurs Agents à la fois. Or, s'il a besoin de faire une compensation, s'il a des erreurs à rectifier, s'il a des titres à porter dans plusieurs bureaux, il est obligé de consacrer un temps énorme à l'arrangement de toutes ces affaires qui, sur place, à la Bourse, se régulariseraient rapidement. Les Agents de change eux-mêmes ont sans cesse des titres à échanger, des comptes à régler et des renseignements à se communiquer. Travail énorme avec l'organisation actuelle. Il serait utile et désirable, autant pour le Parquet que pour le public, d'établir, pour chacune des charges, un bureau qui permît de centraliser à la Bourse tous les intérêts qui s'y débattent. Il y aurait à cette organisation économie de temps, facilité de rapports, rapidité d'opérations, exactitude pour les comptes. Encore une réforme à réaliser, et d'autant plus aisément que le Tribunal de commerce, en s'établissant ailleurs, va donner à la compagnie des Agents de change tout l'emplacement nécessaire.

Nous aurions encore bien d'autres vœux à exprimer, et sur le nombre des Agents de change, et sur la division de la Bourse en marchés spéciaux, et sur le courtage, et sur la publication des nouvelles officielles, etc... Mais nous craindrions de noyer dans les infiniment petits, les graves questions que nous venons de discuter, et nous nous arrêtons pour poser nos conclusions.

XVII

CONCLUSIONS.

Résumons-nous.

Depuis dix ans on a beaucoup discuté, beaucoup crié, beaucoup écrit, mais on n'a pas agi. Moins de bruit, et plus d'actes, et la Bourse s'en trouvera mieux.

On s'est trompé sur le marché, en n'y voyant que des fictions, quand il n'est que la centralisation des réalités les plus positives.

On s'est trompé sur son action, en ne voyant en lui qu'une école de perdition, quand il contribuait à centupler la fortune mobilière de la France.

On s'est trompé sur ses besoins, en le soumettant au régime des restrictions, quand la liberté est pour lui la condition de la vie.

On s'est trompé sur les demi-mesures prises, en laissant sans aucune solution, les deux termes principaux du problème : le marché libre et le marché à terme.

On ne tombe que du côté où l'on penche. Sous la pression du monopole et de l'opinion, on a voulu brider la spéculation, et la Bourse, avec ces liens et ces entraves, n'a pu marcher.

Comment a-t-on tué la Bourse? En désertant les principes. Comment la fera-t-on revivre? En y revenant.

Ces principes que nous avons démontrés, réduisent à trois les lois fondamentales de la Bourse, et ces trois lois sont :

1° La reconnaissance de la Compagnie des Agents de change;

2° La reconnaissance du marché libre ;

3° La reconnaissance du marché à terme.

L'Agent de change est nécessaire, parce que l'intérêt social ne peut laisser la propriété mobilière, pas plus que la propriété foncière, sans représentation officielle et légale.

Le marché libre est nécessaire, parce qu'il est dans les mœurs, dans la pratique, dans les besoins de la Bourse, ainsi que dans l'intérêt public, et dans l'esprit de la loi qui a créé le titre au porteur.

Le marché à terme est nécessaire, et il doit être consacré par la loi, parce qu'il est le premier besoin de toutes les transactions qui sans lui sont impossibles, et l'on ne peut refuser la sanction légale à ces opérations, sans éterniser l'immoralité qui a été jusqu'à ce jour si préjudiciable à la Bourse.

Qu'une loi intervienne et réorganise complétement le marché sur cette triple base, et les plus heureuses conséquences se feront immédiatement sentir.

Les titres, par une plus-value certaine, donneront à la fortune mobilière de la France une prépondérance qui fera de la Bourse de Paris le marché central de l'Europe.

Le public, libre de toutes les restrictions passées, reviendra plus nombreux que jamais, et provoquera ainsi le développement rapide de nos richesses industrielles.

La morale n'aura plus rien à reprendre aux opérations engagées, car la Bourse, comme le commerce et la propriété foncière, sera placée sous le régime du droit commun.

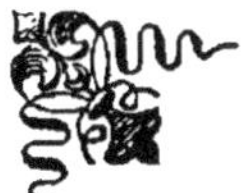

Paris. — Typogr. Pilloy, boulev. Pigalle, 50.

www.ingramcontent.com/pod-product-compliance
Lightning Source LLC
LaVergne TN
LVHW020032170826
845678LV00001B/222

* 9 7 8 2 3 2 9 7 2 9 0 5 3 *